南京师范大学教育社会学研究中心
新 教 育 公 平 研 究 丛 书

江苏高校哲学社会科学优秀创新团队

"新教育公平的理论建构与实践探索"项目（2015ZSTD007）研究成果

受江苏高校优势学科建设工程资助项目（PAPD）资助

南京师范大学教育社会学研究中心
新教育公平研究丛书

丛书主编　程天君

新教育公平视野下的学校再生产

高水红　著

南京师范大学出版社
NANJING NORMAL UNIVERSITY PRESS

图书在版编目(CIP)数据

新教育公平视野下的学校再生产/高水红著.—南京:南京师范大学出版社,2020.9
(新教育公平研究丛书/程天君主编)
ISBN 978-7-5651-4599-5

Ⅰ.①新… Ⅱ.①高… Ⅲ.①学校教育－研究－中国 Ⅳ.①G52

中国版本图书馆 CIP 数据核字(2020)第 062307 号

丛 书 名	新教育公平研究丛书
丛书主编	程天君
书　　名	新教育公平视野下的学校再生产
著　　者	高水红
策划编辑	王　艳
责任编辑	徐文娟
出版发行	南京师范大学出版社
地　　址	江苏省南京市玄武区后宰门西村 9 号(邮编:210016)
电　　话	(025)83598919(总编办)　83598412(营销部)　83373872(邮购部)
网　　址	http://press.njnu.edu.cn
电子信箱	nspzbb@njnu.edu.cn
照　　排	南京开卷文化传媒有限公司
印　　刷	南京工大印务有限公司
开　　本	787 毫米×960 毫米　1/16
印　　张	12.25
字　　数	192 千
版　　次	2020 年 9 月第 1 版　2020 年 9 月第 1 次印刷
书　　号	ISBN 978-7-5651-4599-5
定　　价	42.00 元
出 版 人	张志刚

南京师大版图书若有印装问题请与销售商调换
版权所有　侵犯必究

总　序

追求公平和平等是一种"抗议性理想",不平等可归因于天意,而平等只能是人类行为的结果。因此,如果说存在着一个使人踏上无尽历程的理想,那就是平等。① 教育公平是人类社会孜孜以求的价值理念,教育公平问题既是古老话题,也是世界性难题,更是中国教育改革和发展进程中的关键问题。② 新世纪以来,教育公平作为我国教育改革和发展中一个不容忽视的难题逐渐成为社会各界关注的重心,也日益成为国家大政方针明确保障的目标。

保障人民群众接受良好教育的机会,是党的十六大确立的全面建设小康社会的重要目标,也是建设社会主义和谐社会的重要内容。由此,学界开始广泛探讨教育公平与社会公平的关系以及教育公平对社会和谐发展的重大价值。党的十七大报告提出了"教育是民族振兴的基石,教育公平是社会公平的重要基础"的重要论断,这为教育公平研究提供了更为明确的政策指引,也明确了教育公平的应然定位和意义。党的十八大报告则提出"大力促进教育公平,合理配置教育资源",在促进教育公平方面做出了方向性的制度安排,这对教育公平研究提出了更高要求,需要我们向纵深挖掘。党的十九大基于新的历史方位明确提出,中国特色社会主义进入了新时代,我国社会主要矛盾已经转化为人民日益增长的美好生活需要和不平衡不充分的发展之间的矛盾,强调要"推进教育公平""办好人民满意的教育"。新时代中国社会主要矛盾的变化深刻揭示出我国经济社会发展的阶段性特征,也为政府由"提出教育公平"到"促进教育公平"再到"推进教育公平"这一系列重大决策

---

① 乔万尼·萨托利.民主新论:古典问题[M].上海:上海人民出版社,2015:510-511.
② 贺晓星,等.家长、社区与新教育公平[M].南京:南京师范大学出版社,2018:前言.

提供了时代依据。

教育公平既是一个由实践引发的理论问题，也是一个由理论建构的实践问题。教育公平与"和谐社会""社会公平""政府责任""教育政策"以及"社会主义新时代"等关键词的紧密关联，反映出建构本土性教育公平理论以及探索我国教育公平实践的现实需要与可能。

正是基于这一境脉，江苏高校哲学社会科学优秀创新团队——"新教育公平的理论建构与实践探索"团队①，立足于"中国教育问题"和"中国教育经验"，在借鉴与对话既有教育公平理论的基础上，尝试提出了"新教育公平"理念，以呈现我们对新时期中国教育公平问题的诊断与应答。

教育公平不是新课题，新教育公平也不是为了"标"新。② 但是，在这篇序言里，笔者不得不面对"新教育公平到底'新'在哪里"这一问题。

简单来说，一种思想、一种理论之所以被认为"新"，要么是其自身具有独特性、创新性和不可替代性等基本特征，要么是其深化、拓展了先前的理论，或者转换了研究的视角，提出另一种（alternative）观点。这里所说的"新"大抵是指后一种。这就必然需要以某种已有的参照系为前提来进行讨论。也就是说，对"新教育公平"之"新"在哪里的认识，需要放在既有国内外教育公平研究的框架中去思考。

纵观既有特别是近年来的教育公平研究不难发现，教育公平理论众说纷纭却难有突破，教育公平实践如火如荼却成效不彰。何以如此？我们觉得，其中主要存在三方面的问题：一是多为宏观研究，二是多为教育外部研究，三是多为理论研究。基于此，"新教育公平"研究尝试另辟蹊径，旨在实现以下三方面的转换：一是从注重教育公平宏观政策的研究下沉到同时注重微观教育过程与质量公平研究，二是从注重教育公平的外部社会支持研究深入到同时注重学校教育内涵式公平研究，三是从注重教育公平的理论研究延伸到同时注重推进教育公平的学校变革实践研究。通过这些转换，建构以"人"为核心评估域的新教育公平理念，并探讨其社会支持策略及相应的学校变革实践。

---

① 该团队以南京师范大学教育社会学研究中心为平台而组建，并于2015年6月被确立为江苏高校哲学社会科学优秀创新团队。

② 王建华.新教育公平的旨趣[J].教育发展研究,2017(2):12-17.

以"人"为核心评估域的新教育公平理念,可以从三个层面进行理解。

首先,教育公平的核心评估域要发生质的转向,即由侧重考量经济、政治等"社会"的片面指标,转为关注"人"的全面发展,关注"具体的人"在教育过程中是得到如何"具体的对待"的。这是教育经历以政治为本的阶级内公平和以经济为本的功利主义公平之后,对人的直接观照的复归和超越,亦是对此前教育政治化、经济化的反思与拨乱反正。

其次,受益者将出现横向扩展,即教育公平的受惠者是每一个人,而不是部分人。以经济发展为本建构的教育公平实质上是部分人(所谓"学而优者"或"家庭资本优者")受益的公平。惯常的择优录取是以学生分数的高低为依据的,在这种标准下,由各种非智力因素导致的"成绩差"的学生往往不能得到和成绩好的学生同等的对待而成为边缘人甚至是局外人。

最后,教育公平将指向过程和内涵。以"人"为核心评估域的教育公平理念不仅关涉显性、物质等公共资源配置方面的起点平等、均衡,更涵盖诸如尊严、幸福、精神等隐性的"教育系统内部"和"教育教学过程之中"的教育公平,目的在于解决教育系统内部相当程度上存在的不平等、不公平或者贬抑、歧视、排斥等问题。

我们这套"新教育公平研究丛书",正是基于以上设想而辑集问世的。这套丛书,或可看作破解乃至推进当前教育公平研究难题的一种努力和尝试,并有望在一定程度上回应和回答新时代"推进教育公平"战略和"以人民为中心"思想的时代课题。

"新教育公平研究丛书"是江苏高校哲学社会科学优秀创新团队"新教育公平的理论建构与实践探索"项目研究的最终成果。这套丛书涉及"教育公平理论的反思与重构""新教育公平的社会支持策略"和"新教育公平视野下的学校变革"等三个项目子课题。应当说,与以往的研究相比,这些论著在理论和实践上都有一定的深化和推进。在理论方面,针对已有教育公平理论的重心多在教育公平的外部资源配置和物质支持上这一问题,通过梳理和反思既有教育公平理论,并依据我国社会改革的深入、教育公平的不断推进、新时代社会主要矛盾的变化等现实情况,《新教育公平引论》一书提出了契合新时期社会发展需要的"新教育公平"理念。在实践方面,针对既有研究中关于教育公平的社会支持研究不足以及关于学校教育过程中教育公平研究不足这两个突出问题,本丛书的其余几部专著着重探讨了新教育公平的社会支持策略和新教育公平视野下学校变革的路径,分别聚焦了"家长、社区与新教育公平""新教育公平视野下的教师教育变革""新教育公平视野下教与学的变革""新教育公平视野下的学校再生产"的主题,并尝试建构了旨在关注教育教学过程公平的"课堂教学公平指标体系"。

"新教育公平研究丛书"的编撰初衷和期望是既保有国际视野,又凝聚本土经验;既关注理论建构,又着眼实践变革;既注重教育本身和过程,又不忘教育之外和社会支持。借此,在理论上推进和深化教育公平研究,在实践上落实"推进教育公平"战略和促进学校变革。

理想往往很丰满,现实常常很骨感。

"新教育公平的理论建构与实践探索"团队成员虽已努力和尽力,但限于人力和财力,忝为团队带头人的我,在丛书付梓之际,心里除了友谊和感念,更多的则是忐忑和不安。这也是为什么我迟迟提交不了《总序》给出版社的原因。如今,只能硬着头皮请读者批评指正。

"新教育公平的理论建构与实践探索"团队能够成立并确立为江苏高校哲学社会科学优秀创新团队,离不开南京师范大学和江苏省教育厅的扶持,离不开团队成员,特别是吴康宁、贺晓星、高水红、张义兵、杨跃、王建华、周勇、邵泽斌、柏宏权等诸位师友同事的贡献和襄助;"新教育公平研究丛书"能够面世,离不开南京师范大学出版社,特别是王艳、张文等编辑的设计和编校;"新教育公平的理论建构与实践探索"项目阶段性成果的发表,离不开《教育研究与实验》《教育发展研究》《全球教育展望》等刊物的厚爱和支持,并得到《新华文摘》、人大复印报刊资料《教育学》等刊物的转载和中国社会科学网的关注。在此一并致谢!

草成上文,权作总序,以履行我忝为丛书主编不可回避的职责。

程天君

2018 年 5 月 4 日于金陵随园

目 录

总 序 .... 程天君 001

第一章 教育过程的阶层化:从"社会再生产"到"学校再生产"
.... 001

一 社会再生产:教育机会不平等的分析路径 005
 (一) 个人属性路径 008
 (二) 群体排斥路径 011
 (三) 国家支配路径 014

二 学校再生产:教育过程不平等的研究脉络 018
 (一) 学校符应式再生产 019
 (二) 学校中介式再生产 022
 (三) 学校竞逐式再生产 026

第二章 具象与抽象:学校知识的认知区隔 029

一 时空的社会学意涵 031
 (一) 时空:作为一种视角 031
 (二) 时空:作为一种意识 033

二 城乡时空下的差异化编码 035
 (一) 现在时与未来时:时间格局中的文字表达 035
 (二) 平面空间与立体空间:空间格局中的构图规则 039
 (三) 看到的世界与想到的世界:城乡学生的差异化认知 041

三　具象的世界与抽象的学校 ……………………………………… 045
　　　（一）具象化的乡村世界 ………………………………………… 046
　　　（二）抽象化的学校变革 ………………………………………… 049
　　　（三）学校教育与乡村学生的隔阂：从显性到隐性 …………… 059
　　　（四）认知差异之外的想象：国家力量与乡土参与 …………… 065

第三章　水平与垂直：教学过程的差异架构 ……………………… 069
　　一　社会阶层与教学实践 …………………………………………… 072
　　　（一）集合与统整：课程知识的符码类型 ……………………… 073
　　　（二）有形与无形：教学实践的控制方式 ……………………… 074
　　　（三）教学过程的阶层性规则 …………………………………… 075
　　二　水平传递与垂直传递：教学实践类型的比较 ………………… 078
　　　（一）问题论述的范围：明确与含混 …………………………… 079
　　　（二）知识习得的结构：分析与叙述 …………………………… 088
　　　（三）教学组织的进程：聚焦与松散 …………………………… 104
　　三　教学实践差异化架构中的阶层再制 …………………………… 115
　　　（一）当局限编码遭遇水平传递 ………………………………… 116
　　　（二）当精致编码遭遇垂直传递 ………………………………… 117
　　　（三）教学架构之外的想象：阶层力量与教师行动 …………… 118

第四章　内卷与开放：学生文化的学校生产 ……………………… 121
　　一　文化再生产 ……………………………………………………… 124
　　　（一）文化专断下的选择性再生产 ……………………………… 124
　　　（二）文化抗拒下的吊诡性再生产 ……………………………… 126
　　二　内卷化认同与开放化认同：学校文化再生产的逻辑 ………… 129

  （一）学习认知：自限与自信 …………………………… 130
  （二）未来预期：认命与恣意 …………………………… 142
  （三）生活格局：内缠与外拓 …………………………… 146
 三 文化认同下的内卷化再生产 ……………………………… 151
  （一）内卷化的逻辑与力量 ……………………………… 151
  （二）文化的张力及突破的可能 ………………………… 155
  （三）学业成败之外的想象：生活政治与个体实践 …… 158

第五章 超越"再生产"：学校的教育公平实践 ………… 161
 一 "学校再生产"何以可能？ ………………………………… 163
 二 "学校再生产"如何不可能？ ……………………………… 167
 三 超越"再生产"：学校的教育公平实践 ………………… 170
  （一）把学校带回来：在"平等"与"卓越"之间 ……… 171
  （二）把教师带回来：在"实践"与"反思"之间 ……… 173
  （三）把课程带回来：在"知识"与"求知"之间 ……… 176

参考文献 …………………………………………………………… 181

第一章

教育过程的阶层化：从『社会再生产』到『学校再生产』

第一章
教育过程的阶层化:从"社会再生产"到"学校再生产"

在已有关于教育与社会分层关系的研究中,存在着两个基本对立的理论取向:一是依循功能论的理论旨趣,将教育系统视为消减社会不平等影响的"制衡器";二是信奉冲突论的解释路径,将教育系统视为不同地位群体之间竞争的角斗场。随着社会阶层分化与矛盾的日益凸显,冲突论取向占据主流,后经新韦伯主义与新马克思主义学者的努力走向繁荣。在冲突论的理论旨趣下,以代际传承为研究前提的实证研究中,一方面是来自美国的布劳—邓肯和后期的威斯康星学派为主力军的定量研究传统;一方面是来自欧洲的定性研究传统。在定性研究传统中,又分化成以新教育社会学者为主的基于"课程知识"层面的研究,出现了伯恩斯坦的社会语言编码理论等研究成果;另一方面,以布迪厄、威利斯等为代表的基于"学校文化"层面的研究,出现了社会文化再制论、文化抵制论等研究成果,发展了为世人称道的"再生产"理论。

在关于阶层再生产的探讨中,学校教育始终是被作为一个重要的中介变量加以考察的,不管是借助文凭学历的分配显在地进行阶层筛选,还是通过文化霸权的实施潜隐地完成代际传递,抑或是通过学校中学生的文化抵制上演吊诡的再制,学校在阶层再生产的逻辑中都是不可或缺的一环。再生产的研究虽然扩展了教育社会学的理论视野,但仍有不如人意之处:在指出教育的再生产作用时,要么过于注重"顺应与服从"作为再生产的逻辑,强调学校教育过程对于社会阶层结构的直接再制作用;要么过于注重"创造与抵制"作为再生产的逻辑,强调学校教育过程对于社会阶层结构的间接再制作用。两者均忽视了学校教育过程及教育对象本身的复杂性与差异性。后期的吉鲁、弗莱雷等批判教育社会学学者虽然提出了"可能性"学校社会学及"解放"的教师角色等主张,但其过于行动取向的主张与其说是对再生产理论的突围,不如说更接近一种行动纲领,他们直接绕开或远离了对学校再生产逻辑本身的洞悉和揭示,使得以此形成的行动理论更多了理想化的主观色彩,而缺少了富有现实感的理性魅力。

不过,与其说上述努力是出于理论的缺憾,不如说是来自于现实的残酷:秉持实然研究理念和事实揭示旨趣的教育社会学研究,无法在再生产的社会现实面前寻觅突破的出口,"再生产"变成了不言自明、无须再探的"事实"。就中国而言,迈入21世纪,尤其是2010年中共中央、国务院颁布实施《国家中长期教育改革和发展规划纲要(2010—2020年)》,将推进义务教育均衡发展作为教育的战略性任务提了出来:"推进义务教育学校标准化建设,均衡配置教师、设备、图书、校舍等资源。""率先在县(区)域内实现城乡均衡发展,逐步在更大范围内推进。"①伴随着义务教育均衡化改革的行动,教育公平的改革实践可谓如火如荼地展开,当宏观意义上基于教育起点的机会均等正通过教育均衡化政策逐步推进之时,微观意义上基于教育过程的公平问题变得更为凸显:不同地域、出身、文化的学生,在进入学校后,是否真正享有了同等品质的教育;当显在的机会竞争让位于潜在却漫长的文化筛选,探究当前学校教育过程中所隐含的阶层化特征变得更为必要。

教育社会学是知识社会学和权力社会学的一个篇章,而不是微不足道的部分。因为教育社会学构成了关于权力和合法性问题的普通人类学的基础,它能够引导人们探索负责对社会结构和心智结构进行再生产的机制的本原。② 在社会结构与心智结构之间,学校教育过程究竟参与了怎样的知识生产,勾连了怎样的文化意义,发展了怎样的关联机制? 是否有基于中国社会与教育现实的独特的学校再生产的逻辑浮现?"搞清楚学校究竟是再生产了不平等还是加剧了不平等是极其重要的。"③这也是本研究需要为之努力的方向。

---

① 中共中央,国务院.国家中长期教育改革和发展规划纲要(2010—2020年)[M].北京:人民出版社,2010:22.

② [法]布尔迪厄.国家精英:名牌大学与群体精神[M].杨亚平,译.北京:商务印书馆,2004:9.

③ Downey D B, Condron D J. Fifty Years since the Coleman Report: Rethinking the Relationship between Schools and Inequality[J]. *Sociology of Education*, 2016(3):207-220.

第一章
教育过程的阶层化:从"社会再生产"到"学校再生产"

一 社会再生产:教育机会不平等的分析路径[①]

关于教育不平等的分析路径最耳熟能详的概括来自于胡森(T. Husen)的三阶段说,即起点平等、过程平等和结果平等。起点平等重在机会层面的平等,是让每个个体都有不受任何歧视地开始学习生涯的机会;过程平等重在对待层面的公平,是指在连续不断的过程中以各种不同的但都以平等为基础的方式来对待每一个人——不论其人种和社会出身情况;结果平等重在目标层面的公平,通过制订和施行一些措施,使得学业成就的机会更加平等。[②]胡森对教育平等不同阶段的划分,开启了后续围绕起点平等、过程平等、结果平等的阐释和讨论,人们认为这三种平等分别代表三种不同性质的平等观。起点平等重在普及教育,使得人人有学上,至于上的是不是同质的学校则根据天赋能力不同而定,被视为一种效率优先的平等观;过程平等要求平等对待儿童的整个教育历程,让其接受同质的教育,被视为一种形式平等观;结果平等则需要通过教育弥补学生的先赋差异,实现学业成就的真正平等,被视为一种实质平等观。上述针对教育平等的起点、过程、结果的阶段划分看似清晰,实则相互纠缠、模棱两可:如果说起点意味着教育机会的话,那么机会本身也决定着过程中的教育获得和结果上的教育公平,这是一个连续体,而不是一个可以断裂开各行其道的教育路径;如果说起点平等意味着静态的机会平等,过程平等意味着动态的对待平等,那么结果平等就是所谓的目标平等,则是将实然的结果与应然的目标硬捏在一块儿,实在有些语焉不详,不好把握其要意了。

在国内外教育社会学领域,自 20 世纪 70 年代以来,有大批学者围绕教育

[①] 高水红.个人属性、群体排斥与国家支配——教育公平分析的三种路径[J].教育研究与实验,2016(6):17-23.

[②] 托尔斯顿·胡森.平等——学校和社会政策的目标[M].//张人杰.国外教育社会学基本文选.上海:华东师范大学出版社,2009:159-179.

不平等的影响因素、形成机制及变化趋势进行了大量的理论探讨和经验研究,为解释教育不平等提供了具有解释力的分析路径。也有从制度变迁、市场转型角度探讨其与教育公平的关系,认为制度变迁导致教育不平等结构出现变化,从而影响了教育公平。可以说具体而精致的理论探讨和经验研究较多,但较为分散,缺乏对教育不平等分析路径有意识地概括与区分。国内两位社会学学者在其最近的实证研究中对教育不平等的分析路径进行了简单的梳理。

李春玲整理了三种解释教育不平等的理论假设:工业化理论假设、再生产理论假设、文凭主义理论假设。工业化理论假设认为:工业化社会对劳动分工的细化和专业化,会导致越来越多拥有专业知识和技能的人去获得相应的职业位置,而教育是培养专业知识和技能的重要手段,因此职业位置的获得直接取决于个人的教育水平。在工业化理论假设中,教育获得的差异将越来越不受家庭背景、性别、种族、年龄等先赋因素的影响,而直接取决于勤奋努力和聪明才智的程度。与工业化理论假设相反,再生产理论假设认为教育提供工作技能只是其表面功能,其最重要的功能是再生产原有的阶级地位和分层系统。上层阶级通过向子女提供各种资源,帮助子女在教育中胜出,从而保持其较高的阶层地位。相反,较低阶层的子女因为缺乏来自父母的帮助和家庭资源的支持,往往在教育竞争中处于劣势或被淘汰出局,依旧处于其较低的阶层地位。文凭主义理论假设试图抛开教育的社会化功能和再生产功能的矛盾,直接从人力资本的角度探讨学历文凭对教育不平等形成所产生的影响,将教育不平等的关注视野推向高等教育领域,发现家庭因素对基础教育领域不平等的影响在减弱,而在高等教育领域则在加强,其结论可以说维持了再生产理论的判断。① 上述路径对教育不平等的变化趋势判断清晰,但对教育不平等的影响因素和机制的分析较少。

刘精明基于布劳—邓肯的"先赋"与"自致"的社会分层机制的研究框架和布东的"首属效应"和"次属效应"的教育不平等形成机制,提出了一个教育不平等的分析模型,强调了产生教育不平等的三个既相互交织又截然不同的路径:一是因儿童个人禀赋、主观努力程度以及可利用的家庭资源的不同而

---

① 李春玲.教育不平等的年代变化趋势(1940—2010)[J].社会学研究,2014(2):65-89.

第一章
教育过程的阶层化:从"社会再生产"到"学校再生产"

产生的能力差异或分化;二是因所处结构位置不同而产生的教育选择差异;三是因儿童处于不同结构位置,在"结构授予"机制下而产生的机会不平等。第一个路径所产生的机会差异由儿童能力分化所致,它与儿童的主观努力程度密切相关,当然也与家庭资源条件相联系,但这里的家庭影响最终形成的是固化在儿童个体特性中的才能或能力;第二个路径是基于客观的阶层位置的"理性"选择,是结构约束条件下的选择不平等;第三个路径产生的不平等结果则是儿童所不能控制的,是成人社会的不平等格局强加于儿童群体的,如户籍、城乡等结构性差异。[①] 上述路径试图区分出身与能力在教育不平等形成中产生的不同影响,在不损害学校教育应有的竞争精神和效率机制的前提下,对真正伤害教育公平的因素有的放矢。

对教育不平等有关的理论模式进行有意识建构的学者当属李煜,他从代际流动的角度区分了三种流动模式的理想型。一是绩效原则下的竞争流动模式,在这一理想模型中,流动机会将完全按照自致因素来分配,不同家庭出身的子女均享有公正、平等的机会参与向上流动的竞争,家庭出身等先赋因素在社会流动中不起作用。二是社会不平等结构下的家庭地位继承模式,在这一理想模型中,社会不平等结构下的社会流动机会的分配,取决于家庭拥有社会经济资源的多少,在子代竞争流动机会的表象下,是其家庭资源禀赋的竞争,这一模式的极端状况就是完全的社会不流动,所有社会成员均子承父业。三是社会主义意识形态下的国家庇护流动模式。在这一理想模型中,国家的政策改变了社会流动的社会条件,进而影响社会流动,社会主义意识形态下的庇护模式,使得家庭背景对教育获得的影响变小,教育与职业地位的关联会因为意识形态的偏好而被削弱。[②] 李煜所概括的三种代际流动的理论理想型分别体现了经济发展、社会结构、国家政策对社会流动的影响。笔者受此启发,尝试提出教育公平的三种分析路径,分别从个人、社会和国家三个角度展开。笔者将其概括为教育公平分析的个人属性路径、群体排斥路径和国家支配路径。自由主义及后期的新自由主义学派主要与第一种路径

---

① 刘精明.能力与出身:高等教育入学机会分配的机制分析[J].中国社会科学,2014(8):109-128.

② 李煜.代际流动的模式:理论理想型与中国现实[J].社会,2009(6):60-84.

有关,韦伯主义及后期的新韦伯主义学派与第二种路径相联系,而马克思主义及后期的新马克思主义学派与第三种路径相联系。这三种路径对于教育公平的影响机制的解释各不相同,因此不同的理论路径所倡导的改革对策与实践也不尽相同,它们分别具有不同的理论与现实意义,也分别存在相对应的陷阱和问题。

(一) 个人属性路径

在个人属性路径下,教育获得的差异被看作个人能力差异、努力程度差异或选择差异所导致的结果。在这里,并不是刻意否定或忽略所有的社会影响因素,而是认为社会决定因素的相关性总是通过其塑造个人特征的方式得以体现。因此,这一解释路径的核心不是首先判断是先天的能力还是后天的家庭背景、区域条件等因素影响了教育获得的差异,而是假设某些人在教育上的成功与其他人的失败之间没有因果关系。换句话说,一个人在教育上的处境不利主要是因为其个人在相关属性上存在缺陷,哪怕这些相关属性大部分都是由社会因素决定的。由此,将教育公平的立足点拉回原子化的个人和家庭,并在实践层面形成了两种截然相反但内在逻辑一致的教育公平立场:落实在个人层面的绩效主义教育成就观和落实在家庭层面的家庭主义教育消费观。

其一,绩效主义教育成就观。绩效主义被认为是现代工业社会的一个重要特征,按照绩效原则,将工业化所需要的掌握专业技术的个人分配到合适的位置上,是工业社会经济理性的必然要求。最早提出"绩效"(meritocracy)一词的迈克尔·扬在他的经典论著 *The Rise of the Meritocracy,1870 - 2033:an Essay on Education and Equality* 中指出,成就是由个人先天的才智和后天的努力共同构成的。① 理想的绩效主义假设个人先天才智的高低与种族、性别和阶级出身无关,认为学校教育系统是根据个人能力来分配

---

① Michael Young. *The rise of the Meritocracy*,1870 - 2033:*an Essay on Education and Equality*[M]. Harmondsworth:Penguin,1958.

第一章
教育过程的阶层化:从"社会再生产"到"学校再生产"

教育机会的,学生之间的教育机会不平等,只是个人努力程度不同所造成的能力分化,以及根据自身能力条件而做出选择的后果。遵循绩效原则的教育筛选意味着先赋因素让位于自致因素,不同家庭出身的孩子均享有公正、平等的机会参与到教育中,学校被视为平等化社会差异的角色。在此路径下,对教育公平的诉求是人人有学上,并且教育筛选执行严格的绩效原则。

其二,家庭主义教育消费观。以个人为基础的家庭资源——通过在教育市场中对子女的投资,原子化的消费者(父母)实现了效用最大化。孩子的教育机会乃至教育成就的获得,全部指向家长的资源投入与行动,对此,英国学者菲利普·布朗(Phillip Brown)将之称为家长主义(parentocracy),以解释那些基于家庭资本与家长偏好的教育选择行为。① 布瑞恩(Breen)和戈德索普(Goldthorpe)则进一步指出,教育投入取决于家长对教育成本和收益的理性计算,并提出了相对风险回避理论(Relative Risk Aversion,简称 RRA 假说)。该理论认为,父母倾向于选择让子女具有与父辈地位相当或更高的教育,以规避子女地位的下降。地位下降对处于不同位置的家庭意义并不一样:处于低阶层的家庭,不继续上学所损失的是向上流动的机会,而地位下降的可能会比较小;对中上阶层的家庭来说,子女不继续求学而导致的地位下降的感受会比较强烈,因此需要较多的教育以避免其向下流动的风险。② 在此路径下,对教育公平的诉求是提供可供选择的多样化教育市场,以满足不同家庭不同的教育需求。

虽然绩效主义和家庭主义看似矛盾,前者强调能力,后者强调出身,但两者的内在逻辑却颇为一致,都是将教育的选择和成败看成由个体自身或家庭条件因素所致,其潜台词是"如果你在教育处境中不利,那是你个人能力不足或家庭选择有问题",将体系失败的根源放在个人的缺点里。换句话说,不管成功还是失败,只能归因于个体自身及其条件,而不是教育制度或社会结构。

---

① Phillip Brown. The "Third Wave": Education and the ideology of parentocracy[J]. *British Journal of Sociology of Education*, 1990(1): 65-86.

② Breen R, Goldthorpe J H. Explaining Educational Differentials: Towards a Formal Rational Action Theory[J]. *Rationality and Society*, 1997(3): 275-305.

这一内在逻辑与讲求绩效、竞争、市场化、私有化的自由主义思想一脉相承。事实上,自由主义便是强者的伦理学,因为自由主义要求你自主选择人生并且有勇气承担自主选择带来的责任,甚至是后果。但自由主义忽略了作为自由竞争和自主选择前提的社会既有差别,社会广泛存在的各种差别,包括不同文化、民族、宗教、性别以及其他各种阶层化体系,人们并不是站在同一起跑线上,这些差别都可能影响你的自由竞争和自主选择。但是自20世纪70年代后,随着1979年撒切尔夫人成为英国首相、1980年里根当选美国总统,作为自由主义思想的衍生——新自由主义取得了政治、经济以及教育改革的主导权,形成了一股难以抗拒的全球化风潮,教育领域随处可见松绑、产业化、择校等,吸引了每个将自己为自己做决定视若圭臬的人。①

自由主义尤其是新自由主义,认为教育不平等的改善取决于两个关键要素:其一,想办法改善处境不利者的个人属性;其二,相信越发展才越平等。用自由主义政治哲学家罗尔斯的话说:"社会和经济的不平等在下列条件下是可以允许的。一,如果这些社会和经济的不平等可望最有利于那些最不利者;二,如果各种职业和职位在机会远行的条件下对所有人开放。"②延伸到教育中,便是如下两个办法:一是扩大教育规模,二是进行教育补偿。扩大教育规模容易理解,何为教育补偿呢?打个简单的比方:如果两个种地的人,一个懂得耕作,一个什么也不懂,结果一个收获很多,一个收获很少,这时候增加那个什么也不懂的人的相关耕作知识,就能增加他的收获,从而提高他的生活水平。当然首先得保证两个人都有地种,地的大小与肥沃程度相当。但问题的复杂恰恰在于,一旦将所获粮食拿到市场出售,增加什么也不懂的人的相关知识,增加其收获,就一定会影响粮食价格,换言之,会影响那个懂得耕作、收获很多的人的利益。学校教育所产生的人力资本最核心的价值便是稀缺性,当越来越多的人容易获得,就一定会稀释它的价值。由此,个人属性路径下的改革策略遭遇了现实的沉重打击:大量的实证研究证实,教育不公

① [美]大卫·哈唯.新自由主义简史[M].王钦,译.上海:上海译文出版社,2016:5.
② [美]约翰·罗尔斯.正义论[M].北京:中国社会科学出版社,1988:60-61.

第一章
教育过程的阶层化：从"社会再生产"到"学校再生产"

并未因教育机会增加而减弱，[1]教育补偿也并未有效改善不利人群的教育处境。拉夫特里(Raftery)和豪特(Hout)"最大限度维持不平等"理论(MMI)[2]和卢卡斯(Lucas)"有效维持不平等"理论(EMI)[3]，提醒人们必须正视群体间排斥的自主性和顽强性。

（二）群体排斥路径

对于群体间排斥现象的关注，人们意识到：某些人的成功与其他人的失败之间不再毫无关联，而是直接相关。穷人之所以穷不再仅仅因为受穷人的个人条件所限，还可能与富人的致富方式有关，当把穷人与富人的关系拉入思考的视野，便形成了一条立足点与个人属性路径完全不同的群体排斥路径：某些群体之所以在教育中处境不利，是因为各种各样的排斥关系和机制发挥了作用。个人属性路径立足于原子化的个体，而群体排斥路径立足于关系性存在的利益群体，在具有因果关系的优势群体与劣势群体中，对后者的改善将是对前者的威胁。因此，单独讲个人属性上的不平等还不足以解释不平等，不平等主要由排斥机制的有效性决定。

这一路径与韦伯及后期的新韦伯学派相关联。韦伯强调各种地位团体具有高度的内在连带，成员密切互动并产生相似的生活风格，但这种连带也形成各个团体之间的区隔和界限。地位团体对内而言是一种参考团体，强化成员的一致性与顺从，对外则产生排他性的边界。团体形成边界的目的是独占资源，增加优势地位，并且限制外人进入团体。经济的秩序、社会的秩序、政治的秩序等都具有社会封闭的特质。韦伯把这种独占现象视为一种"垄断

---

[1] 参见：郝大海.中国城市教育分层研究(1949—2003)[J].中国社会科学,2007(6):94-107；李春玲.高等教育扩张与教育机会不平等：高校扩招的平等化效应的考查[J].社会学研究,2010(3):82-113；吴愈晓.中国城乡居民的教育机会不平等及其演变(1978—2008)[J].中国社会科学,2013(3):4-21；唐俊超.输在起跑线——再议中国社会的教育不平等(1978—2008)[J].社会学研究,2015(3):123-145.

[2] Raftery A E, Hout M. Maximally Maintained Inequality: Expansion, Reform, and Opportunity in Irish Education:1921—1975[J]. *Sociology of Education*. 1993,66(1):41-62.

[3] Lucas S R. Effectively Maintained Inequality: Education Transitions, Track Mobility, and Social Background Effects[J]. *American Journal of Sociology*. 2001,106(6):1642-1690.

性排斥",其目的是限制外部人员分享资源的机会,因此这种现象也被称为"机会阻隔",可以说,垄断性排斥构成了韦伯,其是新韦伯主义学派理论探讨的核心。新韦伯主义的代表人物柯林斯认为,教育文凭自身具有阶层屏蔽的作用:人们所受的教育被用来垄断社会和经济领域中报酬优厚的职位,即存在一种"文凭主义",文凭成为排斥性封闭机制,如同资本主义社会中财产权利的排斥性封闭一样。① 在此,我们需要进一步阐明群体排斥路径所内含的三个问题:谁排斥谁?为何排斥?如何排斥?

其一,谁排斥谁?在结构化的分层实体中,主要有三种不同的分析模式,分别是阶级模式、分层模式和利益群体模式。阶级模式与分层模式有着重要的差别:首先,阶级表明的是一种以资源占有关系为基础的结构位置。如资产阶级可以理解为对经济资本的占有,中产阶级可以理解为对人力资本的占有。分层模式依据的是结果而不是结构性位置。同样的50元,是工人得到的工资还是资本家的经营利润,在分层模式那里是没有区别的,而在阶级模式那里,区别是根本性的。其次,阶级是一种关系性概念,即在相互之间的关系中体现各自的特征。不同阶级之间的某种实质性关系,比如剥削关系,只有在不同阶级的关系中才能发现和得到解释。最后,阶级是某种程度的共同利益的承载者,阶级内部相对同质,存在一定程度的整合和自我认同。② 而利益群体模式与上述两种模式的根本差别在于:首先,利益群体是更为现实的行动主体,在现实生活中,人们很少直接看到阶级或阶层在行动,人们看到的现实行动者主要是利益群体;其次,利益群体包含范围更广,除了阶级、阶层外,还包括族群、性别、地域、单位等;最后,关系性的整合或排斥大多与利益有直接或间接的关联。因此在谁排斥谁的问题上,群体排斥路径认为:教育的既得利益群体排斥其他群体,以防止其占有或稀释其已有利益。

其二,为何排斥?历史上,人类社会经历了四种基本的社会排斥形式:血缘排斥、地位排斥、财产排斥和教育排斥。韦伯敏锐地意识到:以往"出身名门的证书"是生而平等的先决条件,是接近高薪和捐助的通路,是无论在什么

---

① [美]柯林斯.文凭社会——教育与阶层化的历史社会学[M].刘慧珍,译.台北:桂冠图书有限公司,1998.

② 孙立平.重建社会:转型社会的秩序再造[M].北京:社会科学文献出版社,2009:251-254.

第一章
教育过程的阶层化:从"社会再生产"到"学校再生产"

地方,贵族都能保持其社会权力和取得国家公职资格的必要条件。如今,这种"出身名门的证书"所扮演的角色,却被教育的专利证书所取代。当然并非人们突然地渴求教育,而是渴望对这些职位候选人予以限制,以及由教育专利证书持有者垄断这些职位。① 在柯林斯眼中,教育成为文化阶层化制度的一部分,教育发挥的是符号化作用而非实用性功能,在校成绩与职业成功的关系,似乎主要是源于教育程度的证明价值,而不是这种教育程度本身可能表现的技能。② 人们通过获得文凭和学历,得以进入相应的职业群体、身份团体和社会位置。因此,刘精明区分了"生存教育"与"地位教育",并认为在那些具有地位意义的优质或精英教育领域,即那些能够获得较高回报、象征较高价值的教育符号,才会充满竞争和排斥。③ 而在时间的意义上,这一排斥可能贯穿教育序列的始终,罗森鲍姆在特纳的竞争性流动和赞助性流动基础上提出了一个折衷形态——淘汰赛流动,形象地说明了这种教育排斥的长期性。如果在某一教育阶段被成功地筛选出来,比如进入重点校,那么在下一阶段的成功概率就会很高,否则即使再努力,下一阶段的失败概率也会很高,因此,教育分层在时间的维度上实则是一场淘汰赛。④ 总之,通过排斥实现地位分等。

其三,如何排斥?一般来说存在两种排斥:直接排斥与间接排斥。利益群体的直接排斥直接诉诸经济、财产或政治权力,比如通过昂贵的学费来吸纳或排斥学生,就是通过直接的经济排斥而分配教育机会。这些直接排斥常常导致非常激烈的群体冲突,为了不让这种冲突危及社会的基本秩序,现代国家教育制度所设计的教育选择,越来越普遍地采用以考试制度为中介的间接排斥,或者是将直接的排斥寓于形式上公正的考试制度中。间接排斥意味

---

① [美]柯林斯.文凭社会——教育与阶层化的历史社会学[M].刘慧珍,译.台北:桂冠图书有限公司,1998:1.
② [美]柯林斯.文凭社会——教育与阶层化的历史社会学[M].刘慧珍,译.台北:桂冠图书有限公司,1998:26.
③ 刘精明.国家、社会阶层与教育:教育获得的社会学研究[M].北京:中国人民大学出版社,2005:101.
④ Rosenbaum J. *Making Inequality: the Hidden Curriculum of High School Tracking*[M]. New York: Wiley, 1976.

着出现了某些秘而不宣的标准或不易被察觉的规则来挑选未来精英。可以说优势群体一方面制造一种公平选择的考试方式,以应付不断高涨的教育民主化浪潮;另一方面,又通过支配主导考试规则、考试内容、考试形式等,完成排斥性垄断。布尔迪厄针对教育的集中研究,都意在揭示不同阶层的这种间接排斥。① 但是他并没有跳出阶层排斥的范畴,事实上利益群体不止于阶层,比如考试命题中的城市化倾向、高校资源丰富省市的单独命题和标准分设计等,都预示着地域(优势省份)、身份(城市)等都具备了利益群体的特性,② 同时值得关注的还有族群、性别群体。

在群体排斥的路径下,教育公平的改革实践便是阻断群体排斥的机制,以降低排斥的有效性。目前正在开展的教育均衡化改革,其部分措施便是阻断优势群体在教育优质资源上的垄断与排斥,比如禁止建立在赤裸裸的权力与经济关系上的择校、取消优质教育机会享有中的单位保护等,③让教育机会向所有人开放。但是直接的排斥容易破除,间接的排斥却很难改变,甚至难以被发现。就当前中国教育改革的现状看,与其说直接的排斥被打破,不如说直接的排斥转变成了间接的排斥,比如从直接体现权钱交易的择校转变成了间接的学区房比拼,从公立优质资源的争夺转变成市场化教育资源的占领。改革非但没能改变教育不公的已有秩序,反而又衍生了新的不公,人们陷入了阻断与再造教育不公的博弈游戏中。

(三) 国家支配路径

韦伯主义不同于自由主义的地方在于:从排斥关系的角度重新认识了教育公平体系,马克思主义及后期的新马克思主义流派与韦伯主义一样,都意

---

① [法]布尔迪厄.国家精英:名牌大学与群体精神[M].杨亚平,译.北京:商务印书馆,2004;[法]布尔迪约,帕斯隆.再生产:一种教育系统理论的要点[M].邢克超,译.北京:商务印书馆,2002;[法]布尔迪约,帕斯隆.继承人:大学生与文化[M].邢克超,译.北京:商务印书馆,2002.

② 刘云杉,王志明,杨晓芳.精英的选拔:身份、地域与资本的视角——跨入北京大学的农家子弟(1978—2005)[J].清华大学教育研究,2009(5):42-59.

③ 高水红.被围困的教育:当前中国教育改革的社会阶层生态[J].湖南师范大学教育科学学报,2012(2):21-26.

第一章
教育过程的阶层化:从"社会再生产"到"学校再生产"

识到了从关系视野出发认识社会不平等体系的重要性,但是马克思主义流派不满足于揭示上述简单的排斥关系,而是试图将一种互相依赖的支配关系揭示出来。打个比方:有人圈了一块地,采取各种方式禁止他人入内,这是韦伯主义所要揭示的排斥关系;如果有人圈了一块地,也禁止他人入内,但是同意他人以劳动者的身份进去从事各种劳动,这样他不仅拥有了这块地,也通过这块地支配了进去劳动的人,这便是马克思主义流派想要揭示的更具相互依存性的结构化支配关系。针对教育公平体系而言,这种结构化支配关系的主体显然已经无法用群体来概括,在这里尝试提出第三种路径——国家支配路径,即教育公平体系与国家支配直接相关。

国家支配路径强调教育获得的差异不仅是个体出身与群体排斥的结果,更受国家分配教育资源、调整教育政策的宏观结构关系与权力关系的影响,尤其是在被称为国家社会主义的国家中。泽林尼曾指出,在国家社会主义社会中,社会不平等主要是由再分配机制产生和构造的,宏观的政治进程和国家政策对创造和分配教育机会起着决定性的作用。[①] 家庭资源和利益群体对教育公平的影响只是国家支配的延伸,只能在国家政策支配的范围内起作用。换句话,家庭资本、群体排斥之所以有效,教育制度中须存有能实现资源转化的制度空间。国家的支配方式不同,家庭资源和利益群体对教育公平的影响力和影响方式都会发生改变。具体而言,这样的国家支配分为三大类。

其一,意识形态。在不同意识形态的国家,个人、家庭、群体对教育公平的作用力不同。社会主义意识形态往往通过计划模式实现国家保护,比如新中国在成立之初,对各级各类学校入学设立工农子弟的配额(现在对少数民族地区也用类似方法),增加工农子弟的入学机会,降低了家庭背景对教育获得的影响。[②] 而资本主义意识形态通过市场模式凸显个人和家庭在教育获得上的影响力。意识形态决定了国家在教育公平体系中是强干预还是弱干预的角色。存有变数的是这种干预是站在优势群体一侧还是劣势群体一侧,这取决于国家作为主体的价值立场。如果国家站在优势群体一边,则完成国家庇

[①] 周雪光.国家与生活机遇:中国城市中的再分配与分层(1949—1994)[M].郝大海,等译.北京:中国人民大学出版社,2014:1.

[②] 李煜.代际流动的模式:理论理想型与中国现实[J].社会,2009(6):60-84.

护和双重排斥;如果国家站在劣势群体一边,则完成弱势保护与反向排斥。①

其二,制度设计。国家关于教育的政策和制度设计,界定并构造了教育资源的分配规则和权力模式,是理解国家与个人教育机遇之间的重要桥梁。首先,教育制度的不同设计影响个体或家庭的微观教育决策,根据教育决策的理性行动模型,个体或家庭选择继续读书和中断学业取决于三个要素:教育成本、成功升学的可能性、升学和弃学的价值效用比。② 有研究证实,义务教育免费制度和大学教育扩招及收费制度的实施,改变了教育不平等的格局:前者使初中入学阶段的城乡不平等下降,而后者使得大学教育阶段入学机会的城乡不平等上升。③ 其次,教育制度的不同设计使得不同家庭资本在教育获得中的权重发生变化,个体的教育机遇也由此改变。家庭的文化资本、经济资本、社会资本,究竟哪一个起决定作用,取决于教育选拔制度。④ 再次,教育制度的不同设计使得群体排斥的边界和方式发生变化。比如,贫富地区、城乡之间的教育差距既有历史的根源,也是分级办学等教育资源分配制度直接导致的后果。⑤

其三,科层体系。社会的经济结构、权力结构以及教育结构本身都存在着鲍尔斯(Bowles)和金蒂斯(Gintis)所强调的"层级性分工",这种分工的特征是权力与控制透过一个分等巧妙的科层秩序由上而下散发出来,其既不是

---

① 刘精明.国家、社会阶层与教育——教育获得的社会学研究[M].北京:中国人民大学出版社,2005:74.

② Breen R, Goldthorpe J H. Explaining Educational Differentials: Towards a Formal Rational Action Theory[J]. *Rationality and Society*, 1997(3):275 - 305.

③ 参见:李春玲.高等教育扩张与教育机会不平等:高校扩招的平等化效应考查[J].社会学研究.2010(3):82 - 113;吴愈晓.中国城乡居民的教育机会不平等及其演变(1978—2008)[J].中国社会科学.2013(3):4 - 21;侯利明.地位下降回避还是学历下降回避:教育不平等生成机制再探讨(1978—2006)[J].社会学研究.2015(2):192 - 213.

④ 李煜.制度变迁与教育不平等的产生机制——中国城市子女的教育获得(1966—2006)[J].中国社会科学,2006(4):97 - 109;李春玲.社会政治变迁与教育机会不平等——家庭背景及制度因素对教育获得的影响(1940—2001)[J].中国社会科学,2003(3):86 - 98;周雪光.国家与生活机遇:中国城市中的再分配与分层(1949—1994)[M].郝大海,等译.北京:中国人民大学出版社,2014.

⑤ 参见:张玉林.分级办学制度下的教育资源分配与城乡教育差距——关于教育机会均等问题的政治经济学探讨[J].中国农村观察,2003(1):10 - 22;周飞舟.谁为农村教育买单?——税费改革和"以县为主"的教育体制改革[J].北京大学教育评论,2004(3):46 - 52.

第一章
教育过程的阶层化：从"社会再生产"到"学校再生产"

民主的也不是技术的。鲍尔斯和金蒂斯的研究表明，学校教育直接符应这种层级性的经济结构：学校奖赏温顺、被动、勤奋和服从的学生，而不是那些具有认知弹性、思想复杂性、原创性、判断独立性、自发性的学生。由此，学校教育一方面传输资本主义经济生产所需要的知识技能，同时也透过潜在课程训练学生温驯顺从的态度，使得学校教育所培育的人力资本不仅符合资本家的利益，为资本主义效力，也能接受这种经济体系的支配而不抗拒。①"要解释工人阶级子弟为何从事工人阶级工作，难点却是解释他们为什么自甘如此。"②威利斯（Willis）的研究指出了学生是如何在主观意识层面认同并领会自身的出身与地位的，虽然在学校中表现为反抗，但是这种反抗却加速了他们的被支配。没人可以逃离这一层级化的体系，它与布诺威所考察的劳动市场中的"制造同意"相得益彰，③显示出一种更深层次的教育公平的意涵：支配结构不仅可以实现对教育资源的有效控制，而且可以利用这些资源培养出符合支配结构要求的人。

对于上述三种分析路径，虽然中国学界有了大量的探讨和实证研究，但是仍存在以下几个问题，预示着将来研究的可能。

其一，国家支配路径指出了在更宏大和更深层的社会制度结构意义上的教育公平秩序，对这一秩序的把脉需要基于一定历史时段的纵向比较分析。这样的分析，目前定量研究居多，而定性研究较少。教育公平秩序的历史演变如果只有冷冰冰的数据而缺少鲜活的"话语"和"故事"，那么这样的历史面目一定是晦暗不明、缺乏真实感的。而在这一纵向比较的定量研究中，笼统阐明变化趋势的居多，通过明确的历史分期说明教育公平秩序阶段变化脉络的研究较少，或者简单地以改革前、后作为区分，但正如有些学者所指出的，即便都是改革开放以后，改革初期与改革深化时期，其社会状况也存在明显差异，④因此需要更细致的划分以便探讨不同时期影响教育公平的作用

---

① ［美］鲍尔斯，金蒂斯.资本主义美国的学校制度——教育改革与经济生活的矛盾[M].李锦旭，译.台北：桂冠图书有限公司，1989：53-54，59.
② ［英］保罗·威利斯.学做工：工人阶级子弟为何继承父业[M].南京：译林出版社，2013：1.
③ ［美］迈克尔·布若威.制造同意：垄断资本主义劳动过程的变迁[M].北京：商务印书馆，2008.
④ 孙立平.断裂——20世纪90年代以来的中国社会[M].北京：社会科学文献出版社，2003.

机制。

其二,个人属性、群体排斥和国家支配路径更多是一种理论理想型,在现实层面,我们看到的教育公平的秩序格局往往是这三种路径共同作用的结果,因此需要对影响教育公平的秩序格局的三种机制进行横向交叉分析。在已有的研究中,对单一机制或多种机制条分缕析的居多,而对三种机制的交互作用进行分析的研究较少。即便是从交互作用的角度进行的研究,更多反映制度条件单面向的决定作用,比如验证教育制度条件如何影响群体排斥和微观的家庭教育选择,而缺少对马克思主义流派强调的支配关系中那种复杂吊诡的相互依存性关系的揭示。

其三,在关于教育公平秩序的理论提炼方面,借鉴或回应西方已有理论的研究较多,而基于中国教育公平现实进行本土理论建构的较少。出现这种情况最大的原因可能是缺乏关于教育公平秩序的一手资料。一方面缺乏专门针对教育公平问题所展开的大规模调查,目前关于教育公平的定量研究数据大多来自于全国普查的数据而不是专门针对教育领域的调查数据,而满足要求的数据又因为样本过小而缺乏足够的说服力。因此在围绕教育的变量上,体现量的变量多而反映质的变量少,比如对于上学,更多是上学年限的数据,而缺少所上各阶段学校类型(重点或非重点)的数据。由于缺乏这些有价值的教育变量的介入,许多研究假设无法验证。另一方面,缺乏历史数据的积累,使得较长时段的纵向比较变得困难。

二 学校再生产:教育过程不平等的研究脉络

教育与社会分层之间的关系是教育社会学关注的重点,但是自科尔曼报告的经典结论之后,造成教育不平等的原因被指向学校之外,切断了这一时期对于学校教育与社会分层之间更为细致和复杂关系的探究。始于对这一报告的批判,新教育社会学开始了揭开学校"黑箱"的努力。学校教育过程本身是否弥补或支持了个人、群体之间的文化差异?这样的问题重新开启了对

第一章
教育过程的阶层化：从"社会再生产"到"学校再生产"

于学校教育与阶层关系的思考：一旦孩子进入学校，不平等会发生什么改变？如何改变？学校教育过程影响不平等的轨迹是什么？学校教育在阶层再生产中究竟充当了怎样的角色？是"无为者"——不平等没有改变，还是"作恶者"——不平等更加严重，抑或是"补偿者"——不平等得到减弱？不同学科的学者将视野聚焦到学校教育与社会结构的关系层面，再生产的内在机理被层层剥开，不同的再生产轨迹得以慢慢显形。

（一）学校符应式再生产

鲍尔斯和金蒂斯是首先对学校教育的再生产提供学术性视角的学者。他们在《资本主义美国的学校教育——教育改革与经济生活的矛盾》一书中用"符应原则"（correspondence principle）概括了学校再生产阶层结构的机制。"教育制度再制工人意识的能力，存在于一种直截了当的符应原则之中：至少就过去这个世纪而言，学校教育主要透过学校与阶级结构之间的符应，而一直对生产社会关系的再制有所贡献。"[①]鲍尔斯与金蒂斯认为：资本主义物质生产不仅是单纯的技术过程，同时也是一种社会过程；而学校生产工人（劳动力）也不仅是单纯的技术过程，同样是一种社会过程。这两种社会过程反映出的社会关系，可以而且必须用来做个对比，才能让我们深度理解学校教育。所谓的符应理论，是鲍尔斯和金蒂斯将生产过程的社会关系与教育制度的社会关系进行比较之后得出的一个用以解释说明学校教育何以如此的理论。[②]

> 教育制度被建构以达成劳动力的目标：第一，学校教育生产许多为求工作表现适当所需要的技术性技能与认知性技能。第二，教育制度协助将经济的不平等合法化，美国教育的客观取向与功绩主义取向，降低了人们对阶层分工以及个人于其中获得职位所经由之

---

① ［美］鲍尔斯，金蒂斯.资本主义美国的学校制度——教育改革与经济生活的矛盾[M].李锦旭，译.台北：桂冠图书有限公司，1989：189.
② 贺晓星.论教育社会学中的新马克思主义——S.鲍尔斯和 H.吉丁斯的对应理论及其转向[J].南京师范大学学报（社会科学版），2014(6)：90-97.

过程的不满。第三,学校生产、酬赏并标示与层级制度中职位之安置有关的个人特征。第四,教育程度透过它培养的地位区分的形态,强化使从属经济阶级分裂所根据的阶层化意识。①

按照进步自由主义对学校教育的设想,学校理应同时发挥将年轻一代融入社会的"整合功能"、保障人们公平竞争的"平等功能"、帮助人们健全身心的"发展功能"。但鲍尔斯和金蒂斯却批驳道:"指望学校教育系统会根据人们的内在本质去自由发展,这种想法是完全无法想象的,基于进步自由主义理念进行的学校改革充满矛盾。"

教育制度透过其社会关系与经济生活之社会关系的符应,有助于再制经济的不平等和人的发展。因此在公司资本主义之下,自由主义教育改革的目标是彼此矛盾的:教育制度之所以已经发展出其压制且不平等的结构,正是因为它作为异化性与阶层性劳动力之生产者的角色。在美国教育的历史里,伤害其他自由主义之目标的,正是一直支配学校教育目的的整合功能。②

社会不平等正是借着技术绩效主义观,在将人各安其位的整合功能的掩护下,经由教室中的竞争、成功与失败,让学生们甘心于他们现有的位置和将来的职位,以确保最重要的职位由最应该的人占有,从而在不知不觉中合法化了劳动力的再生产。教育制度透过其社会关系与生产社会关系之间的一种结构性符应而有助于年轻人融入经济制度之中。第一,教育制度使个人的自我概念、抱负以及社会阶级认同适合社会分工的要求,不只使学生习惯于工作场所的纪律,而且也发展个人举止的类型、自我演出的方式、自我心像以及社会阶级认同;第二,教育中的社会关系,如行政人员与教师之间、教师与学生之间、学生与学生之间以及学生与他们的学习之间构成了一种垂直的权威层级关系,这一关系对应于层级的社会分工体系;第三,教育中的学生对自

---

① [美]鲍尔斯,金蒂斯.资本主义美国的学校制度——教育改革与经济生活的矛盾[M].李锦旭,译.台北:桂冠图书有限公司,1989:188-189.

② [美]鲍尔斯,金蒂斯.资本主义美国的学校制度——教育改革与经济生活的矛盾[M].李锦旭,译.台北:桂冠图书有限公司,1989:62-63.

第一章
教育过程的阶层化：从"社会再生产"到"学校再生产"

己的学习缺乏控制力，学生与课程内容之间的疏离感，以及学校按照学习的结果——成绩，而不是按照学习的过程所进行的酬赏，都符应了劳动生产过程中劳动的异化；第四，学校通过考核和评价的制度化管理与工作场所的管理与控制方式形成联系。鲍尔斯和金蒂斯试图找出各种学校教育与工作场所的显在的相似之处，以此说明学校教育究竟如何满足了资本主义社会经济结构秩序的各种要求。

他们还试图通过学校潜在课程来揭示学校如何塑造符合阶层身份的价值观与态度来实现再制。① 比如，地位较高的父母会比地位较低的父母更愿意为他们的子女选择"开放的教室"。因为地位较低的父母在工作中处于从属地位，所以偏爱一种严格的、服从式的教育方式，这是他们自己的工作经验的直接符应。而那些拥有专门职业的、自我雇佣的父母偏爱一种比较开放的气氛。地位较低的父母重视子女的礼貌、整洁、诚实以及服从，同样的，劳工阶级占多数的学校往往更强调行为的控制和遵守规则；然而地位较高的父母则强调好奇心、自我控制、体谅以及负责，处在富裕的市郊的学校则采用比较开放的制度：较多的学生参与，较少的直接监督，更多的学生选修课程，以及一种强调内化控制标准的价值制度。

但是在这一符应关系中，虽然学校教育的关系秩序与社会经济结构的关系秩序有着很多相似之处，虽然学校在潜在课程方面配合了社会劳动力的分层生产，但学校并不是主动或有意的一方。鲍尔斯、金蒂斯进一步指出：这种不平等并不是历史性地起源于教育制度，也不是来自于不平等且压制的学校，压制和不平等的根源存在于资本主义经济制度的结构和功能运作之中。因此，借助补偿教育等进行的学校教育改革，也必然遭遇失败的结果，因为资本主义制度下的不平等不是根源于个人的缺陷，通过弥补个人的缺陷显然并不能切中要害。"结果不平等与机会不平等的根源不存在于人性之中，不存在于科技之中，不存在于教育制度本身之中，而是存在于经济生活的动力之中。"② 任

---

① ［美］鲍尔斯,金蒂斯.资本主义美国的学校制度——教育改革与经济生活的矛盾[M].李锦旭,译.台北：桂冠图书有限公司,1989：192.
② ［美］鲍尔斯,金蒂斯.资本主义美国的学校制度——教育改革与经济生活的矛盾[M].李锦旭,译.台北：桂冠图书有限公司,1989：64,120.

何无视资本主义的生产和财产关系这一更为宏大的结构,不以挑战经济不平等、社会不平等甚至资本主义制度的方法去促成社会平等的教育改革都无异于痴人说梦。

符应理论在探讨学校与社会的关系上可谓辛辣独到,但是在这里,学校的"黑箱"依然没有被彻底打开。符应理论揭示了学校教育中的诸多偏见,学校教育并不生产而只是合理化已经存在的劳动分工、反映整个社会中的特权结构,教育体系基本上没有减少源于经济的不平等和压迫。学校对于社会经济结构及其内部秩序的直接对应和再制,使得学校和教师似乎成了任人摆布的棋子,完全听从现有体制的要求与安排,学校成为结构的"应声虫"。① 这是符应式再生产所遭遇的最大困境:资本主义借助学校进行的再生产的过程以及其中可能的复杂性和丰富性被符应原则简化了。但这显然无法减弱符应原则这一视角对于透视再生产的学术震撼力,后来的学者正是站在其肩膀上,或批驳或发展再生产的其他解释理路。

(二) 学校中介式再生产

如果说符应式再生产主要是通过劳动力生产这一学校的结果和功能找到了学校教育与社会经济结构秩序之间的关联,那么中介式再生产则是从学校文化传递的内容和过程角度,试图探讨学校与阶层结构之间的复杂的转化关系。前者通过学校"生产什么"考察不平等结构,后者则从学校"如何生产"呈现不平等秩序。其中伯恩斯坦的编码理论与布迪厄的惯习理论是学校中介式再生产的研究典范。

伯恩斯坦与布迪厄都是真正意义上著作等身的思想家,其研究及建构的理论体系之丰富和繁杂也着实让人望而生畏。伯恩斯坦围绕教育不平等议题在教育社会学领域精耕细作,前后五卷本的《阶级、符码与控制》,体现了跨度几十年的思考和发展,成为教育社会学领域的经典之作;布迪厄则是跨界

---

① 贺晓星.论教育社会学中的新马克思主义——S.鲍尔斯和 H.吉丁斯的对应理论及其转向[J].南京师范大学学报(社会科学版),2014(6):90-97.

第一章
教育过程的阶层化:从"社会再生产"到"学校再生产"

研究的高手,更是经验研究与理论建构兼备的高人,其在社会学、人类学、教育学等领域涉及多个主题的研究,且每每涉及必成经典。因此要概括和梳理两人的思想脉络已经不容易,把两人拉到一起论述更容易有过于简化之嫌。但是在探讨教育不平等的路径上,两人的确有异曲同工之妙,伯恩斯坦曾评价布迪厄的惯习理论:"符码概念与布迪厄的惯习(habitus)概念有某些关系。实质上,它是一个由阶级位置和各种不同实践场域所形成的文化文法。惯习虽然澄清这些具有阶级特殊性的文法和各种不同实践场域的规则,但却无法厘清这些特殊性文法在习得的历程中是如何建构与传送的。符码就是在于描写专业化惯习的教育文法及规约这些惯习习得的传递形式的尝试。"①伯恩斯坦和布迪厄都没有将眼光仅仅停留在教育与社会不平等"之间"的关系审视上,而是分别从语言符码和文化惯习切入,审视学校"之内"的知识结构和文化价值究竟如何充当了再生产的机制。可以说符码与惯习是分别理解伯恩斯坦与布迪厄整个思想体系的两个抓手,是贯穿其理论思想始终的核心议题,也是解释学校之所以是再生产中介的切入点。两者都试图克服宏观与微观的对立,建立客观结构与主观意识的关联。

熟悉伯恩斯坦的符码理论,首先是从他对于精致符码和局限符码的区分开始的。伯恩斯坦注意到在工人阶级孩子身上,语言以简短的命令句和大量情绪性的表达、不假思索的论断为主,他将这种语言称为"公共语言"(public language)。相反,中产阶级的孩子讲话时能够阐述事情的前因后果,态度平和,说话留有余地,不轻易做出判断,判断时也使用条件性的限制,他将这种语言称为"正式语言"(formal language)。伯恩斯坦相信不同的语言形式会导致使用者不一样的符号世界,并影响他们对待生活的态度和行为。因为公共语言带有较多的命令和情绪,长期生活在这种语言环境里的孩子,好奇心会被压抑,对于自我意识、事情逻辑性和关系性的敏锐度会降低,只注意到个别的事物内容。相反,正式语言能够让使用者抽离具体情境而进行普遍化的表达,因此使用者懂得观察事情的因果关系。因为学校教学偏重正式语言,

---

① [英]伯恩斯坦. 阶级、符码与控制(第四卷):教育论述之结构化[M].王瑞贤,译.台北:台湾编译馆与巨流有限公司,2006:3.

只能驾驭公共语言的工人阶级子弟会感到格格不入,两种语言所衍生的感知取向导致阶级教育成就的差异。伯恩斯坦进一步分析道,工人阶级与中产阶级之所以在语言表达上存在差异,是因为中产阶级身处更具流动性、陌生化和异质性的社会环境中,所以进行沟通时不能保证听者一定熟悉自己所谈论的人、事、物,所以表达时必须清楚阐释事情的来龙去脉,才能使得任何背景的人都能听得明白,这导致表达具有普遍性,这便是精致型符码的核心意涵。而由于工人阶级身处缺乏流动性、成员同质性程度高、熟人型的社会环境中,交流时习惯将听者视为一个圈子里的人,认为自己与听者间具有只可意会不可言传的默契,表达时带有索引性特征,常常隐去对事情来龙去脉、前因后果的交代,因此只有属于和说话者同一群体的人才能听得明白,这便是局限性符码。① 在伯恩斯坦这里,再生产的完成与否取决于不同阶层学生符码与学校符码之间是连续的还是断裂的。其后,伯恩斯坦自己意识到:"由于之前的研究强调家庭知识特质与学校知识特质之间的连续性与不连续性,学校知识特性没有给予问题化,而是将之视为理所当然,这反而产生了一种观点,视学校为一个不成功的同化机构,而家庭则是教育病理学的主要来源。"②他在其后的研究中进一步阐释道:"符码概念不只是一个认知取向的规约者,它还是规约官方和地方教育机构(学校和家庭)里心性、认同与实践的形塑。"从而又提出了辨识规则(recognition rules)和实现规则(realization rules),意在从更普遍的意义上来回答"外在是如何转变成内在,而内在又如何彰显自身,进而形塑外在?"③他将符码看作学校知识和教学的深层结构,从而显明学校教育在再生产中的中介作用。

布迪厄从文化的角度,分析了优势阶层孩子的学业成功来自于家庭文化资本与学校文化价值之间的相似性及连贯性,学校呈现的是优势阶层的价值观念和偏好,评价的是这些孩子积累多年的生活经验与符号系统,相较于弱

---

① Bernstein B. *Class, Codes and Control*, Vol.1: *Theoretical Studies towards a Sociology of Language*[M]. New York: Schocken Books, 1971: 23 - 41, 129 - 130.
② [英]伯恩斯坦.阶级、符码与控制(第三卷):教育传递理论之建构[M].王瑞贤,译.台北:联经出版事业股份有限公司,2007:181.
③ [英]伯恩斯坦. 阶级、符码与控制(第四卷):教育论述之结构化[M].王瑞贤,译.台北:台北编译馆与巨流有限公司,2006:3,105.

第一章
教育过程的阶层化：从"社会再生产"到"学校再生产"

势阶层的孩子，在付出相同努力的条件下，他们成功的概率要大得多。虽然文化资本借着学校的文化专断实现了传递，但是并不能说明其在微观的学校空间究竟如何运作。能够将文化资本与教育不平等的结果联结起来，并说明何以学校空间运作了这一不平等的结果，便是他的惯习理论。惯习原意是指一群人长期居住在某地而形成的特定行为取向，在布迪厄这里是指一种"持久的、可转换的潜在行为倾向系统，是一些有结构的结构，倾向于作为促结构化的结构发挥作用"①。惯习之所以促成了文化资本与教育成就的联结，是因为文化资本通过惯习在每个人的实践中得到确认，能将思想与行为统一。"它确保既往经验的有效存在，这些既往经验以感知、思维和行为图式的形式储存于每个人身上，与各种形式规则和明确的规范相比，能更加可靠地保证实践活动的一致性和它们历时而不变的特性。"②惯习通过一些具体的表现，诸如"自如""出色""吃力""紧张"等，即文化资本不是无所着落的，而是累积于子代的惯习中，通过惯习在学校空间的作用而完成隐蔽的再生产。布迪厄通过大量的实证研究说明：在教育中所取得的成就视学校试图灌输的惯习与家庭灌输的惯习的距离而定。在高等教育阶段，这种关联只能在学校控制最不直接的那些领域被完全观察到，而在中等教育阶段，它则已经表现在最学校化的结果中，③并在学校空间持续的作用中将文化资本的差异转化成能力的差异。

学校为特定的符码与惯习提供中介，也意味着教育过程本身的结构、机制、方式在文化选择上的价值与立场。优势的文化价值通过学校深层的结构，以符码选择及惯习运作的潜隐规则完成再生产，这一再生产机制较之符应理论下的学校再生产机制更显复杂，也更为隐蔽。虽然符码理论，尤其是惯习理论强调实践的能动性，但显然，学校教育独立性和能动性的一面并没有被重视，学校教育中教师与学生的自主性和可能性更没能得到彰显，学校教育的丰富性与复杂性也未得到检视，再生产的解释理路还在被不断尝试拓展，学校竞逐式再生产就是这一尝试的结果与概括。

---

① [法]皮埃尔·布迪厄.实践感[M].蒋梓骅，译.南京：译林出版社，2003：80.
② [法]皮埃尔·布迪厄.实践感[M].蒋梓骅，译.南京：译林出版社，2003：83.
③ [法]布尔迪约，帕斯隆.再生产：一种教育系统理论的要点[M].邢克超，译.北京：商务印书馆，2002：85.

(三) 学校竞逐式再生产

学校的文化并非铁板一块,既有有效文化,也有无效文化,既是文化的传承地,也是文化的生产地;学校的知识既有社会性的一面,但也并非仅是优势文化、阶层利益及意识形态的代名词,也有客观实在性的一面;学校教育不只具有再生产及合法化不平等的阶级关系的排斥功能,也具有传授和生产社会所需的技术知识、证明个人能力、促进社会流动的功能。这意味着学校空间本身就是各种文化和价值相互竞逐的场所,具体而言,包含以下几个方面的竞逐和学术探索的努力。

其一,"生活文化"与"学校文化"的竞逐。批判教育社会学家阿普尔在其早期的著作《教育与权力》一书中指出,再生产充满矛盾,仅文化就存在另一个形式:人们在日常生活及互动过程中产生的生活文化,从生活中衍生的文化包含着各式各样的意义及实践。① 比如威利斯的《学做工》所呈现的学生对学校教育的抵制文化,这是学生们对学校空间和生活的自主式的反应,但"家伙们"因为洞察的局限而最终丧失了突破阶层再生产牢笼的可能。再比如爱华赫德《那些年:一所初等中学的学生生活》揭示的是一群表面上顺从学校文化的乖孩子,以极具创意的方式反抗学校的控制,他们用最省时省力的方式应付学校最起码的要求后退回到自我空间中自得其乐。② 虽然这些孩子没有表现出威利斯笔下"家伙们"的抗拒性,但是同样反映出学校在完成阶层再生产时并不像人们以为的那样顺理成章或一帆风顺。

其二,"实在知识"与"社会知识"的竞逐。新教育社会学在揭示了学校课程中有关知识与权力的缠绕后,开始遭遇知识社会学的相对主义倾向所带来的致命危险,即人们对知识本身产生了怀疑,知识社会学者在无情批判知识社会性的同时也否定了知识的客观性基础,将知识化约为利益、权力,而唯独

---

① [法] 迈克尔·W. 阿普尔. 教育与权力[M]. 曲囡囡,等译. 上海:华东师范大学出版社,2008:62.
② [法] 迈克尔·W. 阿普尔. 教育与权力[M]. 曲囡囡,等译. 上海:华东师范大学出版社,2008:85-90.

第一章
教育过程的阶层化:从"社会再生产"到"学校再生产"

不见知识本身。① 课程知识在存在论意义上遭遇诘难。假如知识没有客观基础,只剩下权力和利益的博弈,学校课程知识的合法性也将会遭遇质疑,通过此种课程知识机制完成阶层再生产、意识形态传递的合法性也会荡然无存。这不仅无视阶层再生产机制的矛盾性和复杂性,事实上也不利于再生产的维持。新教育社会学的旗帜人物——迈克尔·扬在近十几年中反复呼吁将知识带回教育中②,从关注有权者的知识到关注强有力的知识,重视知识本身的效应,以使再生产的秩序借助"强有力的知识"而拥有改变的可能。

其三,"排斥功能"与"整合功能"的竞逐。学校在持不同立场的学派视野中发挥并不一致的功能,其中存在两种完全对立的功能。在持结构功能论立场的学者眼中,学校发挥整合功能,而在持冲突论立场的学者眼中,学校发挥排斥的功能。关于学校再生产的探讨主要是基于冲突论的视野,但我们不得不承认社会仅仅靠排斥无法维护秩序的稳定,也无法缓解来自被排斥群体的压力和威胁,无法缓冲对已经确立的分配秩序的冲击。因此,社会的现实常常是呈现"既排斥又整合的双重机制"③:社会排斥所导致的不平等的扩张和社会整合所产生的社会平等化的努力同时并存,学校显然在此扮演重要角色。我们注意到,通过排斥,学校平台有利于那些上层将优势传递给下一代;而通过整合,学校平台也为阶层流动创造条件。由此,社会上层的优势传递和下层精英的地位崛起在学校同时发生。究竟哪种功能在学校占据主流,取决于不同时空背景下社会秩序的稳定程度,如果社会断裂严重,学校被要求发挥整合功能的压力会增加,反之则减弱;同时也取决于相应统治阶层的价值选择,如果公平的价值被置于首位,学校发挥整合功能的压力就会增加,反之则减弱。

循沿"竞逐式"再生产的问学理路,呈现学校教育过程中丰富、复杂的再生产逻辑,显得必要且重要。

---

① 高水红."旁观者"知识学与"参与者"知识学[J].南京师范大学学报(社会科学版),2008(3):72-82.

② [英]迈克尔·扬.把知识带回来——教育社会学从社会建构主义到社会实在论的转向[M].朱旭东,文雯,许甜,译.北京:教育科学出版社,2019.

③ 刘精明.国家、社会阶层与教育:教育获得的社会学研究[M].北京:中国人民大学出版社,2005:58-70.

第二章

具象与抽象：学校知识的认知区隔

第二章
具象与抽象：学校知识的认知区隔

一 时空的社会学意涵

我们所生活的"周边地区"是否参与了我们生活的构造？这是显而易见的，只是它以潜移默化的、理所当然的方式驻扎进我们的思维、融入我们的行为。个体生命更不是无着无落的，其每时每刻都处在一个特定的时空中，都在以不同的方式感受着其所处的时空，累积起周遭的整体性经验，融进其生命的历程。因此，时空对于身处其间的个体或群体而言不仅是客观存在的，更是有意义、有感情的，甚至是亲切和动人的。

（一）时空：作为一种视角

首先，作为一种视角存在的时空，不是自然的，而是社会的。人文地理学者们追求这种"地方感"与个体经验及思维活动的关联，文化人类学家关注作为内视角的"地方性知识"。那么在社会学意义上，时空具有怎样的意蕴呢？社会学者们曾为我们提炼和概括过不同时空的结构特征，诸如涂尔干的"机械团结"与"有机团结"，腾尼斯的"礼俗社群"与"法理社会"，伦斯基的"前工业社会""工业社会""后工业与后现代社会"，齐美尔的"大都市""外来人"，费孝通的"乡土社会"，等等。可以说这些概念将社会在时间维度上的定型、变迁与在空间维度上的结构关系融合起来，既有时间向度又有空间意涵，同时更具社会属性。

其次，作为一种视角的时空不是无所着力的，而是有力量的。如果说西方学者将时空的力量表述为一种结构性的促动和约束力量，那么中国学者则更喜欢整体性将之称为"场"和"时势"。这种场能和势能足以将时空的力量尽显。身处其间的人们经由听觉、嗅觉、味觉、触觉不断接触、记忆、强化,获得这些力量对于个体或群体生命的入侵与构造,继而变成个体或群体的一种看似内在的知识生成、看似特殊的生活感觉、看似亲切的本土风格,一种几乎无须特意表现而自然流淌的日常经验。因此,时空问题不仅对于理解宏观社会过程具有重要理论和方法论意义,而且也是个体和群体日常社会行为的重要分析工具:"日常生活中的位置、场所、先后、次序等,就是很有趣味的空间和时间问题,其中往往包含着复杂的权利关系和社会文化意义。"①

最后,对于一种视角的时空,更强调身处其间的人们对于它的感受,即时空感。也正是在这个意义上,时间与空间是可以互相转换、互相改造的。比如作为异乡人对空间流动性的体认可能会形成其短距的时间观②,继而影响其表达习惯、思维习惯乃至行为习惯。比如对于现代空间"去距离化""地球村"的体认可能会形成即时性的时间观。空间以一种特定的方式转换了时间,反之亦然。这种对于时空的主观感受是有个体或群体差异的,只有理解了不同群体的时空感受,我们才能把握不同群体最深层次的心智结构,也正是从这种差异中才能窥见时空对于人们从语言到思维方式的深刻却难以被人察觉的影响,减少由此形成的偏见。③ 当然,时空的社会意蕴还需要社会学学者们去进一步挖掘,而从时空的视角出发探讨社会时空如何参与个体与群体学生的生命成长,如何建构个体或群体学生的心灵、智识、行为,是教育社会学学者可以为之努力的。

---

① 景天魁,朱红文.总序[M]//约翰·哈萨德.时间社会学.北京:师范大学出版社,2009:4.
② 贺晓星,仲鑫.异乡人的写作——对赛珍珠作品的一种社会学解释[J].南京大学学报(哲学·人文科学·社会科学版),2003(1):126-135.
③ 有研究显示,美国许多中产阶级的思想观念中普遍存在着对下层阶级行为的成见,这些成见有部分源于以下事实:对于未来指向的中产阶级而言,后者的行为是令人反感和不理性的,它们源于一种短视的时间观——现在是首要的,而对未来的思考却被推到了次要位置上;因此中产阶级愤慨于社会底层因为缺乏远见而导致了高生育率,或者中产阶级会谴责下层阶级缺乏节俭的意识,这其中涉及对现在指向和完成行为的不理解,而这种不理解源自一种鼓励为了未来的回报而推迟享受的立场。

第二章
具象与抽象：学校知识的认知区隔

（二）时空：作为一种意识

作为社会科学最基本的范畴之一，时空意识受到诸多社会理论学者的关注，尤其是20世纪70年代后，社会理论家们开始探讨"社会结构和文化过程是如何必然受到时间上和空间上的安排的，这些时间安排与空间安排又是如何成为此类结构和过程之权力与效果的固有因素"①。人们相信，不同群体认知世界的方式是不同的，而时空意识的不同是其最基本的表现，即人们感知时间与空间的方式是不同的。因此，大多数社会理论学者的阐述都假定，时空意识是一个社会范畴，而不是自然范畴，对时间与空间的感知是一种社会思维，它在社会中生成，是各个群体社会生活的节奏与时机本身，随社会的不同而各有差异，有多少种社会群体也就存在着多少种不同的社会时间与空间意识，例如学校与工厂、城市与乡村等就都有自身特定的时间与空间安排体系。

在时间意识的维度，索罗金和默顿区分了围绕社会活动和钟点时间而展开的两种不同的时间意识。以社会活动为依据的时间意识"似乎并不把时间看作一种类似于钟点时间的资源，时间不被看作某种流逝而去的、可以浪费也可以节约的东西，时间有多种表达，那些缺乏重大社会活动的时期，似乎就这样不诉诸时间地度过去了"②。这样一种时间意识意味着，时间不是生活的标准，时间就在生活中。从以人的劳动和社会生活所决定的社会时间为主变成以抽象客观的钟表时间为主，是所有的传统农业社会在被整合进资本主义工业社会时都必须经历的一场意识层面的革命。无论是在18世纪到19世纪中叶的英格兰、20世纪初的日本、二战后的美国还是在当代的非洲，这场革命最终所导致的更远远超过计时方式的改变和守时习惯的出现，还有整套世界观及其相应的知识体系的全面变革。③ 汤普森曾提出："以最大限度地主宰自然为基础的工业资本主义社会里，至关重要的特征是对时间的取向，而不

---

① ［英］布莱恩·特纳.社会理论指南[M].李康，译.上海：上海人民出版社，2003：506.
② ［英］布莱恩·特纳.社会理论指南[M].李康，译.上海：上海人民出版社，2003：506.
③ 杨德睿.现代学校教育与时间意识的革命——以道教学院为例[M]//周晓虹.社会学与中国研究.南京：南京大学出版社，2011.

是对工作任务和社会活动的取向。"①"现代机器文明的首要特征就是通过时钟加以组织的时间规律性,而时钟的发明,从许多方面看都比蒸汽机还来得重要。"②马克思提示道,在资本社会"人什么都不是,他充其量不过是时间的躯体"。钟点时间以不变的重复和完全的可重复性为基础,对时间的计算发展成为抽象的、可分的、可以用通用标准度量的,这样的社会将时间与活动相分离,活生生的时间消失了,时间进一步空洞化,现代社会就是这样的典型。齐美尔亦指出了现代大都市对于时间的计划和精确定位,"如果没有一套稳定的、非人格化的时间表,都市生活是不可想象的"③。时间最终的抽象,使得时间与社会活动和世界万物的节律相隔离。

在空间意识的维度,社会学家齐美尔从独占性、分隔性、固定性、距离性、运动性出发揭示了空间的社会属性,他对外来人的分析,揭示出空间的反复位移和流动在认知与人格层面会建构更为客观的认知和更为短期的行为意识等。④ 这堪称是社会学对于空间最经典的研究。后期的社会学家围绕着城市与乡村的区别来组织自己对空间的理解,沃斯主张城市地区与乡村地区之间在规模、密度和异质性方面存在不同,这决定着人们不同的互动、距离感、稳定性等。但是这样的分析受到了后来者的质疑,有人认为这种简单的二分及对比会固化人们对于城市和乡村的看法。吉登斯改变了方向,从现代性的角度出发分析了空间。他指出空间的变化是日益抽象化的,空间从社会活动中脱离,由原来的"在场"开始"脱域"。"在前现代社会,空间和地点总是一致的,因为对大多数人来说,在大多数情况下,社会生活的空间维度都受'在场'的支配,即地域性活动支配的,现代性的降临,通过对'缺场'的各种其他要素的孕育,日益把空间从地点分离了出来。"⑤这意味着现代性使得人们不再倚重在场的空间参与互动,空间的情境化及各种意义不再突显,取而代之的是各种象征标志、专家系统、信任机制,人与自然的关系被重构,世界越

---

① [英]布莱恩·特纳.社会理论指南[M].李康,译.上海:上海人民出版社,2003:507.
② [英]布莱恩·特纳.社会理论指南[M].李康,译.上海:上海人民出版社,2003:507.
③ [英]布莱恩·特纳.社会理论指南[M].李康,译.上海:上海人民出版社,2003:507.
④ [德]西美尔.社会学[M].林荣远,译.北京:华夏出版社,2002:512-516.
⑤ [英]安东尼·吉登斯.现代性的后果[M].田禾,译.南京:译林出版社,2000:16.

第二章 具象与抽象：学校知识的认知区隔

来越抽象化,越来越受各种符号、话语的支配,空间不再是束缚人们行动的范畴,空间既成为人们理所当然的生活维度,也成为可有可无的存在。

二 城乡时空下的差异化编码①

文字符号是书面表达的一种。学生在经历几年强调用词准确、语法规则、逻辑清晰、修辞规范的学校教育后,其符号世界呈现出怎样的特征？我们在此暂且不论城乡学生在用词、语法、逻辑、修辞等方面掌握程度的高低,而是注重找寻那些根深蒂固的、经过几年的学校教育依然无力改变的,甚至影响学生思维方式的差异化存在。

（一）现在时与未来时：时间格局中的文字表达

大多数社会科学阐述都假定,时间是社会性的。涂尔干在《宗教生活的基本形式》中提出了"社会时间"的概念,认为时间是一项"社会制度",时间范畴不是一种自然范畴,而是一种社会范畴。时间在社会中生成,因此也随社会的不同而各有差异。

生活在传统的乡土社会与现代的都市社会的人们,对时间的感觉是不同的。乡土社会是围绕自然时间展开的,"日出而作,日落而息",周而复始,这种时间感演绎出的是疏松的、断裂的甚至可以妥协的生活节奏与时间意识；而都市生活是围绕非自然的钟表时间展开的,随着精确到秒的时间的"嘀嗒"声而出现的是紧迫的、环环相扣的、致密的生活节奏。

乡村学生这样描述上学：

---

① 本章节的案例材料来自笔者在江苏省NT市的一所乡镇中心小学C校和NJ市的一所知名小学A校的调查,其中我们让两所小学五年级的学生分别围绕"幸福"和"上学"两个主题完成一幅画,并用一段话对自己的画进行解释。

每个星期的星期一到星期五,几乎过着同样的日子。

第一幅图写(表现)的是我躲在床上睡觉,妈妈对我说:"快起床了,陈晖,太阳都要晒屁股了。"我微微张开眼睛,看了看妈妈,妈妈正两手叉腰看着我。我说:"让我再多睡会儿。"

第二幅图写的是我左手拿杯子,右手拿牙刷刷牙,妈妈两手放在衣袋里,看着我说:"好好刷牙。"我没有看妈妈,只说了声:"知道了。"

第三幅图写的是吃早饭时,妈妈对我说:"好好吃饭。"我说:"知道了。"

后面五幅图写在学校的事情。

最后一幅图写的是睡觉,等到第二天早上,一切照旧。

城市学生这样描述上学:

◆ 清晨6点钟……"孙子和,快起来,不然就迟到啦。"一阵急促的声音在我的耳畔回荡。我终于睁开蒙眬的双眼。由于我家住得离学校远,所以早早地就要起床,临睡前把衣服拿好,以便早上一伸手就可以拿到。妈妈更早就起来为我做好香喷喷的早饭,为了让我在7:20前赶到学校晨读。我快速地揉了揉眼睛,一骨碌爬起来,以最快的速度刷完牙,洗完脸,吃完早饭,钻进小汽车……

7:20,终于到学校……

◆ 每天一大早,同学们匆匆忙忙地起床,快速地刷牙、洗脸、穿衣服,然后背起书包就乘着家长的车赶往学校……时间一分一秒地过去了,同学们自然很着急……

◆ 从一早7:10出发,到8:00到校,一早一迟,路途中用时50分钟,但我的家离学校不远,两千米左右,一般20分钟可到,其中和真实时间差30分钟,真实时间是2.5倍,为什么会这样?因为堵车,堵车本身浪费时间,而堵车之时出车祸,所以堵车的时间约为15分钟,车祸处理的时间也约为15分钟,15+15+20=50分钟,对这些我也无能为力,我希望以后我的上学时间只是20分钟,不是50分钟。

显然,乡村学生对于时间约束力的意识是比不上城市学生的,在乡村学

第二章
具象与抽象：学校知识的认知区隔

生的时间观念中,时间不是生活的标准,时间就在生活中,对于时间的体验,更多的是自然节奏而非钟表时间。因此,乡村中的时间感并不急迫,只是周而复始,永远循环,这样的时间虽有意义却没有约束力量,"从容不迫地劳作,今天完不成的就留到明天","形成了一种顺从和对时间流逝的漠不关心的态度,不会梦想控制时间,消耗和节省时间……所有的生活行动都不受时间表的限制"①。伯格森曾主张:"时间是一种绵延,人就处在时间之中,而不应当把时间认作某种分离的要素或外在的显现。时间包含着过去、现在与未来这些相互分离的时刻之间的相互渗透,随着过去和未来在现在被创造出来,它们各自融入其他两种时刻。"②乡村中人用于组织社会生活的更多是绵延的时间意识,昨天、今天、明天在上述的时间感觉中是具有等同意义的,费孝通曾把乡土社会称作"定型社会"③,这样的社会其运作是极其缓慢的,有时变化都是无法觉察的,"是一个模子里印出来的一套"在反反复复映入人们的眼帘、渗入人们的生活,在这样的社会里生活,记忆是多余的,时间也是多余的,未来也是重复和可以确定的,规划是不需要的。这样,我们或许就不会惊讶于乡村学生在文字表述中对于时间表达的不精确、无意识,以及关于时间用词上的不精确,也不会惊讶于其经常无意流于笔端的时态上的混乱。

◆ 我觉得幸福就是一家人能在一个风和日丽的日子里,一起去春游、玩耍。那一天,我们一家人会快乐地、无忧无虑地,不再忙着做作业、做工作,而是幸福快乐的,因为我们很快乐,所以笑了,就连太阳、白云、大树也乐开了怀,我们手牵着手感觉到春姑娘正在轻轻抚摸我们的小脸蛋。

◆ 一家三口在一起手牵着手,以前多半时间不在一起,现在多半时间在一起。可能在一起旅游,在一起春游……

从上述的表达中,几乎很难区分学生试图描写的相关景象是已经发生的、正在发生的还是将要发生的,学生将其非常自然地糅合在一起呈现于读

---

① 皮埃尔·布迪厄.卡比尔人的时间观[M]//约翰·哈萨德.时间社会学.北京:北京师范大学出版社,2009:218-219.
② [英]布莱恩·特纳.社会理论指南[M].李康,译.上海:上海人民出版社,2003:509.
③ 费孝通.乡土中国 生育制度[M].北京:北京大学出版社,1998:22.

者面前。何以过去、现在、未来在乡村学生那里不再需要做出清晰精准的区分？前已述及,乡村人遵循的是生物时间意识,时间是被内在地感觉的,它是生命的运转而不是外在的限制,它无法与活动的经验和活动发生的空间相分离。因此,乡村人感知的时间不是连续的,不是一个时间序列,而是由一个个"现在"所构成的自我封闭的时间单元。他们不是生活在一个有着完整连续性时空的世界中,他们的"世界"细碎而割裂地存在着,因他们的种种活动而生,也因他们的种种活动而灭。① "现在"才是乡村人真正的存在,过去和将来都可以用"现在"来代替。已经发生的、正在发生的和将要发生的可以如此自然地糅合在一起呈现。从时间意识上来看,过去发生的和未发生的,虽然和现在远近不一,但仍然处于一个简单的意义统一体之中而被感知、被看到。

而对于生活在都市里的学生来说,每天都是新鲜的,是不可预见、值得期待的。施特劳斯曾说现代化的过程是一个从永恒走向变化的过程。城市作为现代化进程的一种重要标志,摆脱了传统的永恒的时间观,开始了一种朝向未来的变化的时间意识。

◆ 现在,随着我们年级的增加,作业负担会越来越重,还必须做许多的课外题,为小升初做充分准备,作业既要做课内的,又要做课外的。许多同学晚睡早起,每天的课也上不好。这样一来,不少人便会对上学产生较大的厌烦情绪,觉得上学又要上很多语文课,回家又要做很多作业,很痛苦,上课便会没精打采,大大影响了听课效率,我希望通过这幅画告诉大家:上学其实没什么苦恼的。大家可以往这些方面想:1. 隔了一天,又可以见到同学们了! 2. 今天学校会发生什么有趣的事呢? 3. 今天学校要组织××活动。4. 今天有××这一件好事! 这样大家就能快乐面对上学了。

◆ 我喜欢我的学校,我们的学校周围绿树成荫,环境优美,但我觉得美中不足的是马路不够宽……所以我画的学校马路是比较宽的。我们现在的操场有点小……所以我画中的操场是比较大的……

---

① 皮埃尔·布迪厄.卡比尔人的时间观[M]//约翰·哈萨德.时间社会学.北京:北京师范大学出版社,2009:220.

第二章
具象与抽象：学校知识的认知区隔

在城市学生的文字表达中出现最多的句式是"我希望……"："我希望现在的这种情况能够有所好转、改善。""我希望每辆私家车每周休息一到两天,这样会给环境带来多大的改善啊！""我希望我们能永远平平安安地生活在一起,这是最大的幸福！"等等。另外一些能够指向未来的连接词也经常出现在城市学生的文字中,比如"应该""如果""假如"等,区别于农村学生经常使用的连接词,比如"有的""也""并且"等等。伯恩斯坦曾将连接词使用的丰富与复杂程度作为区别精致编码与局限编码的一个特征,我们是否可以换一种方式理解：在现在时与未来时的时间坐标系中,学生的世界本身就是不同的,着眼于"现在"这一时间坐标的世界是需要去描述和罗列的,它具体、感性,而朝向"未来"这一时间坐标的世界是需要学生自己去想象、构建和论证的,它抽象、理性。连接词的简单、重复亦或复杂、丰富除了与不同的家庭教养方式有关外,是否也与这种不同的时空感受有关？让我们再从空间维度切入去看看此中的差异。

（二）平面空间与立体空间：空间格局中的构图规则

在整理两个学校学生的绘画的过程中,一个非常有意思的现象出现了：在同为五年级学生画的主题分别为"上学"和"幸福"的画中,大部分乡村学生画的往前行走的人和坐着的人都是躺着的,马路两旁的树则是向两边叉开的,而城市学生无一人出现这种情况（见图1和图2、图3和图4的对比）。

图1　乡村学生画的《上学》（五年级）

图2　城市学生画的《上学》（五年级）

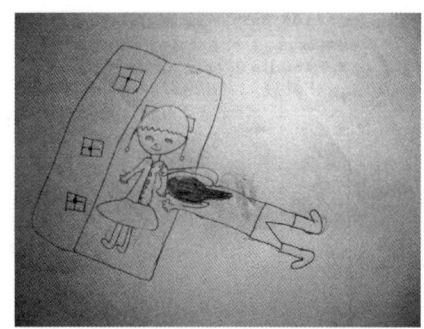 

图 3　乡村学生画的《幸福》(五年级)　　图 4　城市学生画的《幸福》(五年级)

  为什么会有这样的差异？难道是乡村学生没有接受立体知识或立体画的教育？在后续的调研中，研究者有意识地让乡村学生就立体图形等进行观察和数数，学生个个对答如流。由此可见，乡村学生对于立体事物的观察能力并不弱，翻看数学教材我们发现在数学中有关立体图形的学习早已展开。与此同时，美术课中的立体画学习也已进行多时，但一旦落于笔端就成了另外一种样子。研究者访谈的乡镇美术老师也表达了同样的困惑：

  ◆ 我们在学生四年级时就讲了近大远小，树不能躺着，学生到五年级还是不会，树还躺着，人也躺在马路上，我们怎么讲他们也不会，他们就是照着书上直接模仿，树还是向两边叉开的。

  ◆ 在美术上要表现人物前后的关系，平面的纸上你只能上下画，很多时候画不下我们可以只画两条腿或者就画一半的身体，但是我们大部分的孩子都喜欢完整地画，一开始我跟孩子们讲的时候，孩子们看到这样的画都会笑，我说你们笑什么呀，就画两条腿反而让你的画面范围变广了，把画面往里推了。虽然画两条腿，但是你眼睛里看到的肯定不会只有两条腿，而是他(她)的整个身体。

  乡村学生对于立体画表现出的困难，以及喜欢画"完整的人"，说明城乡学生在空间意识上的差异，或者说空间意识转换上的差异。在绘画发展史上也遇到了类似的问题：现代人看西方古典时期的绘画时感叹"画法较后世甚

为幼稚,远近法的错误,使观者发生奇异之感"①。当时的作品多呈现平面性装饰趣味,而画家们则致力于摆脱传统画平面感的束缚,直到文艺复兴时期的乔托,才第一个使人物处于一种"合理而又完整的空间"中,这里所谓的"合理而又完整的空间"是使得"众多画中的人物获得了一种全新立体感",从此拉开了在画中振兴科学透视原则的序幕。② 我们知道,文艺复兴运动标志着人与自然的关系开始改变,当时鼠疫在欧洲蔓延,不管好人坏人在鼠疫面前均无幸免,这彻底冲垮了人们对神的信仰,神开始退位,从那时起"上帝死了",而人开始走上历史舞台,以倡导人的自由、价值、力量的思想文化运动由此展开。它强调人是宇宙的中心,是自然的主人,自然为人而生,人与自然成为两分的世界,立体画的开创取决于这一世界观的转向。立体画以画家为中心,采用焦点透视法的技巧和视点固定的准则,画家自身成为绘画中固定的视点。巴尔曾指出:"整个绘画史永远是一部看的历史。看的方式改变了,技巧就会随之而改变。技巧改变的原因仅仅在于看的方式改变了。技巧为跟上看的变化而改变自己。看的改变同人与世界的联系相关。人对这个世界持一种什么样的态度,他便抱以这种态度来看世界。因而所有的绘画史也就是哲学史,甚至可以说是未写出来的哲学史。"③也就是说,看似直观的空间感知,其实并非简单的感知觉,而可能是复杂而又深刻的看的过程和认知过程,甚至直接与人们的世界观密切关联。

(三) 看到的世界与想到的世界:城乡学生的差异化认知

我们的调查还发现,绘画作品中经常出现的对话框在乡村学生的作品中几乎见不到,这些对话框中所呈现的都是人物的心情、想法、语言,这当然不是说乡村学生不会思考,而是说他们想不到将"想"这一行为在画中呈现。

---

① 丰子恺.西洋美术史(外一种:西洋画派十二讲)[M].长沙:岳麓书社,2010:16.
② 丁宁.西方美术史十五讲[M].北京:北京大学出版社,2003:105.
③ 巴尔.看[M]//刘小枫.人类困境中的审美精神——哲人、诗人论美文选.北京:知识出版社,1994.

如果说乡村学生是以"现在"作为真实的时间体验,这种将过去与未来融汇于现在而不分彼此的时间取向,会导致学生的符号世界呈现怎样的特征呢?我们发现不管是针对较为抽象的"幸福"主题,还是针对较为具体的"上学"主题,乡村学生描述性的叙述均占据了三分之二以上。让人印象深刻的是:过去的事情、听说的事情在乡村学生的笔下都像亲眼所见般的真切细致、形象生动。

◆ 一天,小苏正在上学的路上,她一想起昨天舞蹈老师教的舞蹈,就情不自禁地在马路中央跳起优美的舞蹈。同学们应该都知道,那是多么危险,可此时的小苏把个人的安全全部抛向了脑后边,她只知道跳舞、跳舞还是跳舞,看得出小苏十分热爱舞蹈,她多么想当舞星,她想要把她那优美的舞姿展现给所有的人。可小苏啊,你不能把自己的个人危险忘记,你还有十分疼爱你、关心你的爸爸妈妈和好朋友呢!你不能就这样结束你的一生,你还有许多事要做。突然迎面来了一辆面包车,可此时此刻说什么都来不及了,小苏还没有察觉到,她的生命就已经这样结束了……

◆ 有一个小朋友,在上学的路上闲逛,正当他在开开心心地准备过马路的时候,突然间,一辆巨大的卡车疾速行驶过来,当那个小朋友发现的时候,那个驾驶着大卡车的司机也有所察觉了,便连忙踩了一下急刹车,可是为时以(已)晚,由于惯性,卡车急速向前俯冲了一下,悲剧已经发生了,血已经溅满了马路中心……

以"现在"为根基的单元式的时间体验,使得过去、现在、未来的时间区分在乡村学生的思维中不再具有约束力,过去发生的、想象中可能发生的和真实发生的之间不再具有区别可言。头脑中的影像开始随意拼接,过去的空间、当下的空间、未来的空间融为一体,变成了一个感性的、随意的、具体的、可见的世界。这是否意味着:在乡土社会成长起来的学生只是沉浸在直接感知到的现在,而无法想象遥远的未来?布迪厄用"即将到来"概括了乡村人的时空体验,这种"即将到来"本质上不同于未来,"它是内在于可以观察到的既定事实中的潜在性的领会,嵌入一种感知意识,这种感知意识的依据是信念而不是

第二章
具象与抽象：学校知识的认知区隔

计划"。因此,这种"即将到来"不可能不发生,是一种潜在性而不是可能性,就像一个立方体隐藏起来的面,只是没有被呈现而不是不存在,因此"即将到来"的与真实的现在的被感知方式是一致的,"它已经被攫住了,就像真实的现在一样,被直接感知"①。换句话说,乡村社会"现在时"的时间意识转变成了一种可看到、可触及、可把握的看待世界的文化态度。因此,"没有什么比试图把握未来的想法更加另类,也没有什么比以下观念更加奇怪:未来是广阔的、开放的,它蕴涵着无数的可能,人们能够在其中发掘和选择这些可能性"②。

与之相比,城市学生则以一种朝向未来的时间取向建构世界,这样的世界是想象中的、希望中的,甚至是正在计划中的。他的想象有多大,他的世界就有多大。

> 这是我所希望的上学的场景。孩子们三三两两地走在路上,一边走,一边吃早点。同学之间互相说笑,谈论他们昨天回家干了什么,有什么有意思的事情;今天又准备干什么,有什么新奇的发现。或可以谈谈最近自己看了什么好看的书,哪个故事情节自己感受最深,自己最喜欢里面的哪个人物,最敬佩哪位主人公,最痛恨哪个坏人,可以生动地再现一下书里的内容。可以说说昨天看到的新鲜事,与大家来分享,可以说一个谜语让大家来猜,可以讲一个小笑话逗大家笑一笑。男孩子则可以看看路上开的车,说说自己喜欢的类型;可以谈谈自己以后想做什么,想上什么学校,希望自己的学校怎么样。总之,最好没有大人的约束,也不要车接车送,我们自己可以上下学。

朝向未来的"想到"的世界充满着多种可能性,它是不确定的,它以"预测"的态度看待这个世界,拒绝接受事物的现在状态,希望用投射出的未来的图景来塑造现在,以此克服所预测的未来的不确定性。③ 因此诸如"或许"

---

① 皮埃尔·布迪厄.卡比尔人的时间观[M]//约翰·哈萨德.时间社会学.北京:北京师范大学出版社,2009:222.
② 皮埃尔·布迪厄.卡比尔人的时间观[M]//约翰·哈萨德.时间社会学.北京:北京师范大学出版社,2009:216.
③ 皮埃尔·布迪厄.卡比尔人的时间观[M]//约翰·哈萨德.时间社会学.北京:北京师范大学出版社,2009:231.

"可能""也许"等词语的使用在城市学生的作品中便随处可见。这样的世界不可能被直接感知到,它需要精确的推理和复杂的构想,需要依靠思维的组织与计划。齐美尔认为生活于都市之中的人是"用脑,而不是用心来作出反应"①。斯宾格勒在其《城市的心灵》一文中以其诗性的语言感叹了城市的这种"智性":存在的古老的旧根源在城市的石头堆中干枯了,他们脱离了土地的束缚,存在变得越来越衰弱,理性变得越来越有力。② 因此它遵循着逻辑的严密性、论证的合理性,呈现给人们的是一个秩序的、理性的、抽象的、空泛的世界。

> 我认为上学在每个人眼中是不同的。或开心,或喜爱,或讨厌,或乏味……我认为上学是一个让人难以捉摸的东西,但我觉得上学是我们人生的基础,我们不应该讨厌上学,应该把它看成一项乐趣,认为它是好玩的事。假如你爱上学,你会觉得事物是十分新鲜的;不爱上学呢,则会觉得很乏味。但是为了将来,为了父母,为了自己,还是多多学习知识,做一个对社会有用的人,成为国家的栋梁!我们的前途将会是广大的。

相反,"看到"的世界则是确定的,是可以触及的,即便有前瞻性也意味着走标定好了的路,遵守已有的经验模式,而不是另辟蹊径。它在客观地昭示着"事实就是如此",或"未来也在把握之中"。无数种可能性只有简化为过去的经验,才能确保"即将到来",才能排除各种不确定的危险。长期浸润在这种"事实就是如此"的不容置疑的思维习惯和基于"现在"的"感性"叙述习惯中,乡村学生将祈使句③频频使用在其符号世界中也就不足为奇了,在这里,认知结构与社会结构建立起了奇妙的结构性关联,并彼此强化。

> ◆ 早睡早起,到学校里认真读书,不能马虎,认真细心对待每一件突如其来的事情,例如同学之间发生争执、吵闹、打架,我们要

---

① 成伯清.格奥尔格·齐美尔:现代性的诊断[M].杭州:杭州大学出版社,1999:82.
② 斯宾格勒.城市的心灵[M]//薛毅.西方都市文化研究读本(第一卷).桂林:广西师范大学出版社,2008:446.
③ 祈使句的作用是要求、请求或命令、劝告、叮嘱、建议别人做或不做一件事,通常省略主语。

热心劝导,不能让我们同学之间的友谊破灭,我们应该团结友爱,互相帮助。在学校的这段时间里,老师交给我们的任务都认真对待,不得马虎,努力把这一任务做到更好,这样老师才能把任务一而再、再而三地交给我们,我们的老师才会看重我们。当然,在上学的路上,如果是步行的话,一定要注意交通安全,不要被陌生人领走,当心车辆,随时随地保护自己。

◆ 要记住:家人就是幸福,幸福是家人创造出来的!
◆ 请你们对自己的父母好一点吧!

三 具象的世界与抽象的学校

伯恩斯坦的学生贺兰特(Janet Holland)曾做过一个实验,他分别向相同数量的中产阶级与工人阶级的 7 岁儿童展示一系列的食物图片,然后要求他们把食物分类并解释他们分类的标准。研究发现中产阶级孩子有两个归类标准,一个是抽离于生活脉络的,比如把白菜、洋葱、胡萝卜等归成一类,并解释说因为它们都属于蔬菜类。另一个紧贴生活脉络,比如他们认为面包、香蕉及牛奶同属一类,因为都是早上吃的。前一种抽离生活脉络的分类方式是中产阶级儿童的主导分类方式,在分类原则中往往首先被考虑;而大部分工人阶级儿童始终坚持后面一种紧贴生活脉络的分类方式。① 这种分类规则的差异预示着贴近生活脉络的具象思维与抽离生活脉络的抽象思维之间的差异。伯恩斯坦认为,社会分工愈简单,行动者与其物质基础的关系愈具特定性和地方性,意义与特定物质基础的关系愈直接,则采取限制性编码取向的可能性就愈大。相反,社会分工愈复杂,行动者与其物质基础的关系愈少特定性和地方性,意义与特定物质基础的关系愈间接,则采取精致性编码取

---

① Bernstein B. *Pedagogy Symbolic Control and Identity:Theory,Research,Critique*[M]. London:Taylor& Francis,1996:31-32.

向的可能性就愈大。①在乡村学生与城市学生的语言和绘画中,我们同样感受到了这种具象思维与抽象思维的差异,我们希望进一步探讨乡村生活何以带来具象思维,学校生活何以越来越抽象,乡村学生与学校教育之间产生了怎样不可弥合的距离。

(一) 具象化的乡村世界

1. "生物时间":乡村社会的时间意识

事实上,时间不仅是人类社会独有的,节律性已经被证明是自然界一项至关重要的原则,既体现在有机体内部,又体现在有机体与其环境的关系上。人类与其他动物并不只是受到钟点时间的影响,它们本身就是钟表,所有的动植物都具有某种时间系统,在传统的农业社会,社会活动围绕农作物展开,人们的时间安排多是以农作物的生长规律为根据,因此这种时间系统也被称为"生物时间"。② 在绵延千年的农业生产和生活过程中,传统乡村社会逐渐形成了自己独特的"生物时间"意识。

在传统的乡村社会,以公历为主的日历表中的日、月、年及星期制不是乡村人主要的时间参照,融进乡村人血液中的时间表是农历,以及由此生成的二十四节气。农历以一个朔望月为月周期,并设置闰月使年的平均长度接近太阳回归年,因此诸如大月、小月、平年、闰年,以及搭配天干地支而形成的六十年周而复始等一系列计时的办法相应产生。为了方便指导农业生产,在农历中又补充设置了一个非常重要的计时单位——节气,它根据太阳在黄道上的运行位置设置,太阳每运行15度为一个节气,二十四节气把一个太阳年划分为24个彼此相等的段落,以此反映对农业劳动至关重要的一年四季气温、降雨等方面的变化,指导乡村人下种、耕作、收获等日常劳作。"抓紧季节忙生产,种收及时保丰年",这里的"季节"与"及时"都是针对二十四节气而言的。因此作为乡村人,从小就被要求熟悉及背诵二十四节气歌,为将来从事

① [英]伯恩斯坦.教育论述之结构化[M].台北:台湾编译馆与巨流有限公司,2006:21.
② [英]布莱恩·特纳.社会理论指南[M].李康,译.上海:上海人民出版社,2003:520.

第二章
具象与抽象：学校知识的认知区隔

农业劳作和生产做准备。

二十四节气对应着农作物的生长周期,也同时决定了乡村人的生活周期。在农忙时节,农民需要抓紧时间,起早贪黑地抢种、抢收,不能有丝毫懈怠。"'清明忙种麦,谷雨种大田'——清明天气回暖,要抓紧时间播种春小麦,谷雨取自'滋五谷之雨',借此天时,农民需要大规模地展开春耕。'麦忙不怕忙,就怕豆叶黄'——农历五月间麦收季节固然已经很忙,但是麦收加上夏种总共也忙不了20天,而'豆叶黄'时才真正到了农民们最紧张的'三秋大忙'时节。此时农作物纷纷成熟:大豆、玉米、高粱、棉花都得抓紧收割。秋收之后,还要再翻一遍地,然后再种冬小麦。秋收、秋耕、秋种,一刻也不能耽搁。"①农民们都深谙"人误地一时,地误人一年"的道理,因此农忙时节对时间的珍惜到了废寝忘食的地步,早上三四点起床赶早工、中午把饭带到田间地头、晚上摸黑下地等等成了农忙时节的生活常态,总之无论如何都要赶在时令结束前完成相应的农业劳作,不容许错过时令。而在相应的时节未到之前,农业生产也无法提前进行或完成,必须耐心等待农作物的成熟。等待的过程也即是农民农闲的过程。有忙得天昏地暗的"农忙",也有悠然自得的"农闲",农民的生活节奏内在于农作物的生长本身。

这样一种生活节奏下的时间意识具备以下几个特点:一是时间的自主性,人们可以根据自家农作物的长势、多少、天气及自身身体情况等安排农忙和农闲时的生活节奏,经常可以看到不是太忙的时候人们扛着锄头站在路边和邻居聊上半天,生活无须预先的安排,或者即便有所规划也会具有很大的灵活性,因时因地因人而变。二是时间的模糊性,"日出而作、日落而息",人们的生活不需要精确到分分秒秒,根据太阳的位置就能大致安顿一天的饮食起居、田间劳作。"'一大早''天黑以后''打盹的工夫'这些貌似并不精确的时间单位在地方实践中却可能比精确的时间刻度更能传达出有价值的信息。'起了个大早下地干活'并不意味着早上八点整准时下地干活。'晌午时分'也不对应着某个精确的时间点。'打盹的工夫'可长可短,只要能够

---

① 李洁.对乡土时空观念的改造:集体化时期农业"现代化"改造的再思考[J].开放时代,2011(7):97-113.

恢复田间耕作的辛劳。这种模糊性的生物时间更加适用于农业生产劳作的实践逻辑。"①三是时间的非线性,乡土社会是一个定型了的社会,人们的生命都在以同一方式重演,同一戏台上演着同一出戏,是一个模子里印出来的一套。② 日复一日,年复一年,下一辈重复上一辈的生活节奏、生命起伏,就如同农作物那样,种了收,收了再种,如此循环往复,生生不息。昨天、今天、明天在时间感觉中具有同等意义,乡村中的时间感并不急迫,这样的时间与钟表时间相比虽有意义却没有约束力量,"从容不迫地劳作,今天完不成的就留到明天","形成了一种顺从和对时间流逝的漠不关心的态度,不会梦想控制时间,消耗和节省时间……所有的生活行动都不受时间表的限制"③。四是时间的本体性,人们正是基于生物的生长规律与日月星辰变化而展开生活节奏,不同于客观的钟表是一个外在冰冷的机械物,生物有其灵性和生命,它们生生不息、周而复始,人们在与有灵性的生物的互动和交流中把握时机,安排生活的节奏,感受生命的流逝与轮回,"生物时间"意识成了内在于乡村人生命本体的维度。

2."情境化"空间:乡村社会的空间意识

乡村社会中的人们在空间维度也有其特定的认知倾向。生活在乡村的人们与在城市生活的人们对土地的感知不同。在传统的乡村社会,有了土地就有了生存的资本,有了生活的底气。对于再贫瘠的土地,农民们都可以不计劳动成本地付出,土地对于农民来说跟生命等同,人们怀着对土地的敬畏,精心翻耕、锄草、施肥,像对待自己的孩子,又像侍奉家里的长辈。民间的各种传说、信仰和神秘的价值都围绕着土地展开,土地被尊奉为"土地爷"和"土地神",逢年过节,人们都要到田间地头供奉。

人们对待土地的这种敬畏和尊重,不仅为了求得土地的回报,满足基本的生存需要,更已深入其血液,满足其心灵安全的需要。"如果说人们的土地

---

① 李洁.对乡土时空观念的改造:集体化时期农业"现代化"改造的再思考[J].开放时代,2011(7):97-113.

② 费孝通.乡土中国 生育制度[M].北京:北京大学出版社,1998:21-22.

③ 皮埃尔·布迪厄.卡比尔人的时间观[M]//约翰·哈萨德.时间社会学.北京:北京师范大学出版社,2009:218-219.

第二章
具象与抽象：学校知识的认知区隔

就是他们人格整体的一部分，并不是什么夸张。"①"土地那相对用之不尽的性质使人们的生活有相对的保障，虽然有坏年景，但土地从不使人们的幻想彻底破灭，因为将来丰收的希望总是存在，并且这种希望是常常能实现的。套用当地农民的话：'地就在那里摆着。你可以天天见到它。强盗不能把它抢走。窃贼不能把它偷走。人死了地还在。'占有土地的动机与这种安全感有直接关系。'传给儿子最好的东西就是地，地是活的家产，钱是会用光的，可地是用不完的。'"②因此在传统乡村社会，一代代繁衍，大部分的人在哪个地方出生就在那个地方生长下去，一直到死，很少移动。

人们在土地上生存并交往，这种"在土"而"不离土"的生存方式本身构成了传统乡村人"情境化"而非"抽象化"的空间意识。"情境化"的空间意识不同于"抽象化"的空间意识，抽象化的空间是需要主体去认知的客观对象，是以主客二分为前提的。"情境化"的空间意识表明人就在情境中，外在的空间不是需要主体加以认知的客观对象，而是主体融在其间体验与感受的，不再以主客二分为前提。在乡村社会，土地是自然的一部分，人对土地充满感情，延伸开去便使人与自然之间的关系变得较为和谐。在农民眼中，土地是有生命有感情的，你对她好，她就给予你回报，你对她不好便会遭到惩罚，由此形成了人与自然的和谐共生关系，人是自然的一部分，而不是与自然两分的世界。人看待外在的事物也不是主客二分的，人就在情境之中，物我不会截然分开，这种强调人和自然调和统一的世界观直接影响了他们的空间意识，这表现在体现空间观念的绘画中，多采用散点透视技巧和动点准则，即景随人移、物随心动，传统中国画便是这样一种绘画方式。我们会注意到，这样的画以平面画居多，画画的人不会固定在哪个点，而是就在画中，随着景物的移动，画者也在画中游走，清明上河图便是非常典型的一例。

（二）抽象化的学校变革

从广泛的视野看，现代学校的确立是现代性生成的重要组成部分。在西

---

① 费孝通.江村经济：中国农民的生活[M].北京：商务印书馆，2005：161.
② 费孝通.江村经济：中国农民的生活[M].北京：商务印书馆，2005：160.

方,现代学校在现代性的建构中所起的作用,在于通过确立具有鲜明组织和训诫规则的空间,来促使社会化中的主体分离于传统社会的"地方性知识"体系之外,与现代社会的"抽象体系"实行整体结合,在主体的生命历程中造就学究型权威与个体安全感。[①]那么以生成现代性理念为旨归的现代学校在"生物时间"和"情境化空间"的乡村社会是如何一步步嵌入其现代性的时空意识的? 显然这一现象并不是一蹴而就的,学校教育与乡村社会之间在社会和文化上的磨合经历了复杂曲折的过程,但其越来越符合抽象化的现代性特质的总体趋势一直未变。在这里让我们来探讨现代性的时空意识是如何在学校层面被不断巩固和再生产的。

1. "生物时间"让位于"钟表时间"

(1) 传统社学的时间制度

正规乡村初等教育(特别是小学)的兴起,需要追溯至元代的社学学校教育。社学创办于至元二十三年(1286年),《新元史/食货志》记载:是年,元朝规定"诸县所属村疃,五十家为一社,择高年晓农事者立为社长。……每社立学校一,择通晓经书者为学师,农隙使子弟入学。如学文有成者,申复官司照验"[②]。传统社学的时间制度充分考虑了乡村社会的独特性,兼顾了乡村社会的农忙与农闲的生物时间节律,虽对入学年龄、日常教学时间有所限定,但是"钟表"的抽象统一的时间体系尚没有成为其主要参照,其时间制度依然围绕着人们的社会活动而展开。

从招生年龄来看,社学存在着较大的弹性。洪武八年(1375年),太祖"诏天下立社学"。明朝社学设在城镇和乡村地区,以民间子弟为教育对象,招收8岁以上、15岁以下民间儿童入学。[③]弘治十七年(1504年),"令各府、州、县建立社学,选择明师,民间幼童十五以下者送入读书"。雍正元年(1723年),《清朝文献通考·学校考八》记载:"旧例各州、县于大乡巨镇各置社学,

---

① 王铭铭.教育空间的现代性与民间观念:闽台三村初等教育的历史轨迹[J].社会学研究,1999(6):103-116.

② 孙培青.中国教育史[M].上海:华东师范大学出版社,2000:202.

③ 孙培青.中国教育史[M].上海:华东师范大学出版社,2000:238.

第二章
具象与抽象：学校知识的认知区隔

凡近乡子弟年十二以上二十以下有志学文者,令入学肄业。"①

从教学时间来看,由社学所强调的"农隙使子弟入学"可以看出,农家子弟的学校只在农闲季节上课,这早在汉代的作品《四民月令》(《全后汉文》卷47,1—8,这部书主要是业农者的时间表)有载,九岁到十四岁的幼童要在一月、八月、十一月入小学,十五岁到二十岁的成童要在一月和十月入大学。在宋代,农家子弟就读的乡下学校称为"冬学",因为这些学校只在冬天开课。②不仅是专门为在乡村办的社学会照顾到乡村的农忙与农闲,就是官学也为来自农村的学生而设有专门的假期,唐代的中央官学学生,在五月有十五天的田假,在九月也有十五天的授衣假。③

从日常作息来看,据吕坤在《社学要略》中记载,社学对学生有较为统一的作息安排:"读书以勤为先。童子不分远近,俱令平明到学。背书完,读新书。吃饭后,略令出门松散一二刻,然后看书作文。写仿毕,仍读书。午饭后,再令出门松散一二刻,仍读书。日落后,凡班对立,出对一个,破题一个,即与讲改,然后放学。盖少年脾弱,饭后不可遽用心力,恐食不消化也。"④这样的作息安排表明,学校教育时间围绕着学生的活动展开,还没有一个类似于今天时间表的东西存在,"平明到学""饭后""松散一二刻"等都是一个相对模糊的时间概念,与乡村的时间意识一致,更为难得的是这里的时间安排充分考虑了学生的身体节律,契合了人体的生物时间。

有学者认为,元明清所设社学并非现代意义的村落学校,"社学的文化精神与作为现代意义上的知识传播制度的学校有着十分鲜明的差异"⑤,"社学并不具有传播一般技术性和客观性知识的功能,它是为地方'无过犯子弟'设立的传播政治—伦理经典和'教劝农桑'的场所,其目的在于通过'导民善俗'

---

① 孙培青.中国教育史[M].上海:华东师范大学出版社,2000:259.
② 杨联陞.国史探微[M].北京:新星出版社,2005.
③ 杨联陞.国史探微[M].北京:新星出版社,2005.
④ 孙培青.中国教育史[M].上海:华东师范大学出版社,2000:238.
⑤ 王铭铭.教育空间的现代性与民间观念:闽台三村初等教育的历史轨迹[J].社会学研究,1999(6):103-116.

来配合朝廷重建中华帝国的政治—伦理秩序"①。所以社学充其量只能算是一种设在乡村的社会教育,而非现代意义的学校教育,真正开始现代学校教育的是清末新学的创设。那么作为具有现代意义的清末新学,在时间制度上具备怎样的特征呢?

(2) 清末新学的时间制度

清末最后十年的新政时期,是教育大变革的时期,废科举,兴学堂,建立新学制。光绪皇帝在《明定国是诏》中宣示:从今以后,王公大臣、士子以及庶民百姓,都要兼习中、西学问……令各省府厅州县之大小书院,一律改为兼习中学、西学的新式学堂。以省会之大书院为高等学堂,郡城之书院为中学堂,州县之书院为小学堂,地方自行捐资办理的社学、义学等也要一律中西学兼习,凡民间祠庙不在祀典者,也一律改为学堂,并鼓励绅民捐资兴学。② 通过改良私塾、庙产兴学等方式创办新学堂,使得新式学堂开始涌向中国乡村,至1909 年,全国有新式小学堂 5 万多所。新式学堂不同于以往的社学或私塾,国家就入学年龄、修业年限等均做出了统一规定,尤其是"壬演学制""癸卯学制"两大学制的确立,使得这些时间规定更具有制度的规范力。

从入学年龄来看,1902 年颁布的"壬演学制"规定儿童从 6 岁起入蒙学堂,其宗旨"在培养儿童使有浅近之知识,并调护其身体"。蒙学堂毕业后方可升入小学堂学习,小学堂宗旨为"授以道德知识及一切有益身体之事"。蒙学堂和寻常小学堂共 7 年被规划为义务教育性质:"无论何色人等皆应受此七年教育"。1904 年,在上述基础上,清政府公布了重新修订的学制文件——"癸卯学制",这是第一个真正得以执行的全国性法定学制系统,其规定初等小学堂为强迫教育阶段,儿童 7 岁入学。

从教学时间来看,传统社学对学习年限没有明确规定,也不纳入相互衔接的学制系统中,但在新学堂,不仅规定了各个阶段的学习年限,并将各阶段教育相互衔接。"壬演学制"分为三段七级,以初等、中等和高等教育为主干,辅之以师范及各类职业学校,同时将每一阶段再分级并规定每一级的修业年

---

① 熊春文."文字上移":20 世纪 90 年代末以来中国乡村教育的新趋向[J].社会学研究,1999(5):110 - 140.

② 孙培青.中国教育史[M].上海:华东师范大学出版社,2000:331.

第二章
具象与抽象：学校知识的认知区隔

限,以第一阶段初等教育为例,包括蒙学堂 4 年、寻常小学堂 3 年、高等小学堂 3 年。"癸卯学制"在初等教育阶段增加了幼儿教育年限,包括蒙养院 4 年、初等小学堂 5 年和高等小学堂 4 年(其中蒙养院是幼儿教育机构,招收 3—7 岁幼儿)。将学生按年龄编成班级,每班有固定的学生课程,教师按规定的教学时数进行统一教学。这种前后衔接的线性时间安排已经颇具现代时间意识的精髓。

从日常作息来看,新学堂对学生的请假行为有严格规定,"各学堂凡例准假期之外不得无故请假,并责成该监督堂长年终送功课册。若每日上课不全,定当照章核扣分数,于各该生毕业成绩难免减"。当然在农村的新学堂,许多人不可能按照学堂设计从头走到底,所以学堂按学期颁发修业证书,全部学完者发给毕业证书,体现了一定的时间弹性。学校的收费行为也与以往的私塾和社学有所不同,私塾或社学的收费是按季节,一般分四季——清明、端午、中秋、冬至,那时正值农村人家经费集中的时候,而且分期交经费少,符合农村人现金流的特点。但是新学堂一般要求寒暑假开学时交,一月刚过完年,九月秋粮还未收,都是青黄不接的时候,不太容易拿得出。另外,学期的设置"没有按照村中农事活动的日历加以调整。在农事活动的日历中有两段空闲的时间,即从 1 月至 4 月及 7 月至 9 月。但在这段时间里,学校却停学放假。到了人们忙于从事农作的时候,学校却开学上课了。第二,学校的教育方式是集体授课,即一课接着一课讲授,很少考虑个人缺席的情况"[1]。这样一种外在于农事活动节律且环环相扣的时间安排本身已经烙上了钟表时间的鲜明痕迹。

(3) 现代乡村小学的时间制度

按照卢绍稷的看法:直至民初,中国并无真正的乡村教育,甚至没有人重视乡村教育,虽然清末学制规定城乡都能设立国民小学校,但实际设立小学的乡村很少。[2] 至民初乡村教育运动期间,乡村学校才得以建立,但这一时期更多只是临时性的教育实验而缺少大规模长期性的普及,现代乡村小学的

---

[1] 费孝通.江村经济:中国农民的生活[M].北京:商务印书馆,2005:51.
[2] 卢绍稷.中国现代教育[M].上海:商务印书馆,1933:139.

真正建立在1949年之后。"新政权力图在村村建立小学,在解放后的第一年就发起了一场把为成年农民办的冬季学校和学习小组变成学龄儿童的正规民办学校的运动,1950年公开宣称的目标是在每个村庄建立一所民办学校。这一宣称意义非同寻常,它标志着中国历史上第一次由政府宣布在最低一层的村庄普遍建立正规的现代教育组织。"① 那么这一正规的现代教育组织在时间制度上具备哪些和以往不同的特点呢?

对于入学年龄清末新学就有了明确规定,1949年之后,尤其是从20世纪80年代开始,国务院陆续发布了普及小学教育的相关文件,不仅对入学年龄,同时对巩固率、毕业率等都提出了要求。从1949—1983年的35年间,全国共有小学毕业生3.86亿人,在我国青壮年农民中,小学毕业的占50%,1986年全国学龄儿童入学率已达96.4%,在校生巩固率为97.1%。② 1986年,国务院颁布《中华人民共和国义务教育法》,宣布"国家实行九年制义务教育",凡年满6周岁的儿童,不分性别、民族、种族,应当入学接受规定年限的义务教育,直至20世纪末在全国基本实现九年义务教育。从这一过程看,学生学习年限的弹性被打破,国家从法律层面规定了学习的最低年限,时间不再是内在于生命本身的活动节律,外在、客观的时间已经开始左右学生的生活。

从教学时间来看,学校时间按照阳历、星期和24小时安排,和现在的学校作息时间表大同小异,有了统一的精确到分的细致规划的作息时间表,规定了到校时间、离校时间和每节课及课间的时间,并以统一的铃声作为提示。当然,20世纪八九十年代的乡村学校还有农忙假制度,每年的阳历五月中旬和阳历十月左右,都要放一个星期左右的农忙假,五月份主要是收小麦,十月份主要是收花生、玉米等,但是这种农忙假制度在目前乡村学校正在慢慢消失。时间不再是可以看得见的"日出日落""农作物的四季更替""农事的悠闲与繁忙",而是被"上课下课""上学放学""开学放假"的更替所取代,被钟表的嘀嗒声取代,构成了致密的、紧迫的、环环相扣的生活节奏。

---

① 熊春文."文字上移":20世纪90年代末以来中国乡村教育的新趋向[J].社会学研究,1999(5):110-140.
② 毛礼锐,沈灌群.中国教育通史(第六卷)[M].济南:山东教育出版社,1989:421

第二章
具象与抽象:学校知识的认知区隔

2. "情境化空间"让位于"抽象空间"

(1) 扎根乡土的自由办学

不管是传统私塾还是社学,虽然在乡村的数量较少,但是因其由当地士绅、地主等捐资兴办,所以在空间上与地方性的乡村社会的契合是不容置疑的,其在乡村社会的生存历史和影响也是极其深远的。私塾和社学在乡土社会的扎根不仅表现在将作为形式的学校校舍置于乡村之中,在生活空间上,学校与乡村也是较少隔开的,除了上文提到的适合乡村的时间节律外,私塾或社学的教师为本村中人,他的生活扎根于乡村,事实上就是一个能识文断字的农民,他们是乡村社会的一分子,有着与村民相同的价值观。他们的生活空间与村民的生活空间是完全一致的,甚至还成为乡村各种礼俗活动的重要参与者,具备乡民所看重的各种文化知识和仪式技能,"有人做生,请先生做寿联,有人死去,请先生做挽联或祭文悼词,甚至于下葬看风水,出门做屋看日子,小病看脉开方子,都来请先生"[①]。学校中人与乡村中人在生活空间上是合二为一的。

到了民国初年,随着乡村建设运动的兴起,在乡村兴办学堂,以扎根乡土、服务乡村为宗旨,使得乡村教育进入一个短暂的繁荣期。此时的乡村学校与乡村生活空间高度重合,虽然展开乡村教育实验的都是拥有中西方经验的学者,但是其宗旨却极为明确。乡村教育运动者之一的晏阳初就曾号召知识分子们"抛下东洋眼镜,西洋眼镜,都市眼镜,换上一副农夫眼镜",他认为"预化农民,先要农民化"[②]。从民国到新中国成立前的战争时期,在根据地建的乡村学校,也是要求"学区内的学生到校不超过3里路,偏僻地区也不超过5里路。在一些有特殊困难的地区,将儿童、成年人男女老少合在一起上课,叫做'一揽子小学'"[③]。虽然两者都是在较为特殊的时期,但是也为后来的乡村教育奠定了基础,新中国成立初期的教育改革便是建立在根据地的教育经验基础之上。

---

① 王楷元.辛亥革命前后的私塾生活[M]//中国政协文史资料委员会.中华文史资料文(第17卷).北京:中国文史出版社,1996:22-24.
② 晏阳初.晏阳初全集 第1卷 1919—1937[M].长沙:湖南教育出版社,1992:221.
③ 孙培青.中国教育史[M].上海:华东师范大学出版社,2000:497.

可以说新中国成立前在乡村设置的学校基本上处于各自为政的状态,随意性较强,没有统一的管理,也正是这种"无人管"的状态,使其萌生于乡土,或自然生长,或自然淘汰。这一时期,乡村民间社会对于学校教育的参与保持了极大的热情,王铭铭在对闽台三村的调查中发现,如果一个村落不建这些寺庙、学校等公共建筑,就会被认为是一件"集体丢面子"的事情,"倘若别的村庄、别的家族有自己的新学校,而'本村'却没有,也是一件'集体丢面子'的事情"①。这使得民间力量及地方精英参与乡村学校的建设之中,学校与乡村社区这种千丝万缕的互动与关联使得当时的学校无法也不会跳离本乡本土的地方性文化与价值体系。"从这一广泛存在的事实看,现代初等教育自19世纪末期在中国乡村确立以后,即以一种新式的文化品格的面貌为地方民间社会接受,成为渗透至深的象征力量;同时也说明,村落社区公共事业观念对于现代初等教育制度的吸纳,是原有的地方性知识体系对于现代普遍性知识本来设计的文化颠覆。"②

(2) 以村为主的就近办学

中国的学校管理体制大致可以分为三级,即中央(国家教委或教育部)—地方(省、市、县)—基层(乡镇、村)。1949年之后,国家虽然明确提出了"村村办学校"的倡议,但是新中国成立初期百废待兴,加之后来的各种运动和"文化大革命",使得教育一度陷于较为混乱的局面。到20世纪80年代,国家对农村教育开始实行"分级办学、分级管理"的体制,农村小学由乡村共办共管,以村为主,每个村都成立教育委员会或校董会,具体负责办学相关工作。③ 此时的乡村基本上做到了村村有小学,据国家统计局的数据,到1985年,中国行政村数为94.1万,而据当时教育部的统计数据,1985年全国农村小学校的数量为76.6万所,平均每个村的小学数为0.8个,这个状况一直保持到90年代中期,截至1997年,全国行政村数为73.9万,全国农村小学校数

---

① 王铭铭.教育空间的现代性与民间观念:闽台三村初等教育的历史轨迹[J].社会学研究,1999(6):103-116.

② 王铭铭.教育空间的现代性与民间观念:闽台三村初等教育的历史轨迹[J].社会学研究,1999(6):103-116.

③ 马戎,龙山.中国农村教育问题研究[M].福州:福建教育出版社,2000:154.

第二章
具象与抽象:学校知识的认知区隔

量为51.3万所,平均每个村的小学校数为0.7个。这一阶段的乡村学校一度成为乡村的风景和"村落中的国家"。

虽然这一期间学校在村落普及,但已经开始出现"貌合神离"的局面。

一方面,"学校有它看得见与看不见的围墙,它只是通过农民的子弟才同乡村社区发生关系。在成片的农舍与田野中间显得既特别又孤单,它居于乡村、为乡村而设,却又不属于乡村,农民们从学校边走过,总带着关注而又疏远、陌生但又不无艳羡的眼光看着那漂亮的楼房与高高飘扬的国旗"①。学校比起周围零乱的农舍,显然更有秩序感,更为肃穆。学校竖起围墙、关起大门便自成一体,在它的周围耕种、生息的农民们事实上并不真正了解校园与课堂上正在进行着什么。在学校的围墙之外,村落的生活按自己的节奏与逻辑进行着。李书磊对于丰宁满族自治县希望小学的调研表明,20世纪90年代的乡村学校中,"家长、村落乃至整个乡村社区干预学校生活尤其是教与学的能力越来越弱了"②。

另一方面,20世纪70、80年代民办教师还占着较大比重,这部分教师不同于具有干部身份的公办教师,从某种意义上来说他们还没有脱离农民的身份,因此其生活空间与村民的生活空间并不脱节,教学之余依然从事农业生产,闲暇之余还和村民们打成一片。80年代中期开始,国家开始有计划地规范教师队伍,展开了对教师的培训转正,民办教师要么转正,要么被逐渐淘汰。到80年代末,民办教师数量已大为减少,"吃国家饭"的公办教师成为乡村学校的主力。但公办教师因其所接受的较为正规的师范训练及身份的变化,通常游离于乡村社会之外,其居所更多集中在镇上而非村落,其居家装饰、穿衣打扮、言谈举止等也更有意识地远离乡土气,在生活空间上只与相关的家长接触,而较少直接与乡村社会发生关系。

(3) 以县为主的集中办学

1994年,中央政府决定将基层教育的"责、权、利"从乡镇一级集中到县一级。2001年,国家颁布《关于基础教育改革与发展的决定》,农村学校撤点

---

① 李书磊.村落中的"国家":文化变迁中的乡村学校[M].杭州:浙江人民出版社,1999:13.
② 李书磊.村落中的"国家":文化变迁中的乡村学校[M].杭州:浙江人民出版社,1999:119.

并校、布局调整成为国务院和教育部的工作重点,由此拉开了大规模的撤点并校、布局调整和农村寄宿制学校建设工程的序幕。这也意味着乡村学校彻底"离土化"的努力。

随着学校的撤并,首先告别乡土的是学校校舍。学校与村落的隔离不再以围墙的方式,而是增加了空间上实实在在的距离,学校从村落消失,往乡镇集中,每个乡镇配有一所中心小学,中国改变了原来"村村有小学"的格局。根据国家统计局的数据,近10年来,农村小学数由2000年的44万多所减少到2009年的23万多所。李培林曾鉴于村庄的消失而用"村落的终结"来形容20世纪末的中国农村的变化,但事实上中国村落学校的终结远远快于村落本身。村落的琅琅书声不再,漂亮的校舍开始破败,农田与教室、农民劳作的身影与学生嬉戏的欢笑不再交相辉映。

其次,学生不得不离开乡土求学。学校集中于乡镇,大大增加了学生上学的距离。据范先佐等人的调查,学生上学路途最远的在内蒙古自治区,竟然达250千米,其他中部省区学生上学最远距离分别从50~200千米不等。① 伴随着集中办学的展开,寄宿制的中小学应运而生,学生的大部分时间开始在学校空间中度过,寄宿制学校以封闭化的空间管理规限着学生的生活空间,学生生命的大部分时间在学校空间中度过,学生与乡土空间的接触与体验被不断缩减,至此学校教育与学生成长的乡村时空开始逐渐脱离。

教师们对乡土的告别更为彻底。随着基层教师待遇的改变,同时仰仗现代发达的交通工具,乡村教师群体纷纷安家落户于县城,孩子上学在县城,教师们成为一群来乡镇上班的城里人。"在城市生活,到乡村工作",教师与乡土的关系变成了齐美尔笔下"外来人"的翻版:"今天来、明天走的那种人","尽管他没有继续前进,但却没有克服来去的自由","不是定居,而是以松弛的方式停留,并随时准备离开(很多教师从安家于城市开始就有了想方设法调往城市学校的打算和行动)"②。人们与空间的关系不再与"土地的占有"

---

① 赵丹.范先佐.偏远农村学生上学难问题及对策思考[J].河北师范大学学报(教育科学版),2011(12):37-41.

② 贺晓星,仲鑫.异乡人的写作——对赛珍珠作品的一种社会学解释[J].南京大学学报(哲学·人文科学·社会科学版),2003(1):126-136.

第二章
具象与抽象：学校知识的认知区隔

相关联，空间的"在场性""实体性""稳定性"特征消失了，取而代之的是人们与空间更为抽象的"功能性"和"流动性"关系，空间被各种"功能"所取代，学习、工作、生活因其不同的功能需要而分属不同空间，人们在不同空间反复移动。学校空间的"离土化"设置以及学校中人的空间流动性使得学校教育不再置身于乡土情境，而是处于无根的抽象化空间中。

(三) 学校教育与乡村学生的隔阂：从显性到隐性

因原来的乡村学校与所在乡村社区直接面对面接触，学校教育与乡村社会两者矛盾尖锐、问题显见，"农村学校，不适用时间，变更教学，利用闲暇，所以农民只好不愿受其损失，不许子弟入学"，"文化训练并不能显示对社区生活有所帮助"，"村中现有的教育制度与总的社会情况不相适应"①。当学校远离乡土，成为自成一体的封闭时空，乡村学生进入学校后，接受学校封闭空间的规范与教化，现代学校的制度规范力不断促使着学生在时空意识层面的现代性转变，这是否意味着上述的"不适"和"矛盾"会有所缓解？

社会人类学的研究曾区分过"实践性把握"与"正式学习过程"，认为在传统社会中，社会面对面的教育，在特征上表现为在实践活动中把握传统习惯的过程；而现代超越面对面的社会化的教育，则形成了分离于一般社会实践活动之外的教育准则。② 法国社会学家布迪厄曾对人类的"实践性理解"做过分析，他依据非洲的资料认为学习的过程其实就是人在社会中获得"养育"的过程，而非被正式地"指教"的过程。这样一种过程嵌置于一系列的实践性场合中，人们的空间利用、烹调、送礼等活动，赋予人们具体行动的规则，使他们在实践中无意识地获得对于世界的看法（宇宙观和文化）。这种实践的过程，就是惯习形成的过程。在其另一本著作《再生产》中，他又试图说明，人们可以通过无意识的实践过程来习得惯习，也可以通过表达清晰的制度化准则来习得惯习。非正规的潜隐型社会养育与正规的教育都要达到生成

---

① 费孝通.江村经济：中国农民的生活[M].北京：商务印书馆,2005:50-51.
② 王铭铭.教育空间的现代性与民间观念：闽台三村初等教育的历史轨迹[J].社会学研究，1999(6):103-116.

惯习的目的。① 学校时空"离土化"的趋势虽然加速了学生生活时空与乡村时空的分离,但它们依然没有完全剥离,学生放学后、假期都需要在乡村度过,学生接触的人不少还生活在乡村。布迪厄没有指出究竟哪一种惯习的习得会更为强势,而当学生处于两种截然相反的惯习习得时空时,会发生怎样的认知矛盾呢?

在乡村学生的时间意识中,依然保留着"生物时间"的自然节奏而非"钟表时间"。当你对乡村学生突然问"今天星期几?""几点上课?""明天什么日子?"等等,遭遇的经常是学生发愣的眼神。笔者调研的一所乡镇中心小学,每个教室的墙后都挂着一只钟,但在新学期开学后的两个星期中,笔者发现只有一个教室的时钟和上下课时间是吻合的,其余或慢几分钟,或慢几个小时,有的甚至停滞不动,在专门用来给全校学生上科学课的教室里,时钟也整整慢了6个小时。但我们在近两周时间的访谈过程中,特意提及教室布置时没有一个学生提到教室中钟表的存在及问题。

乡村学生的空间意识是否已经摆脱了传统乡村的"情境化空间"意识?从文章一开头所呈现的学生绘画作品的对比可知,乡村学生基于乡村主客不分的世界观而形成的"情境化空间"意识依然是其主要的空间认知方式,而"抽象空间"意识在其认知中很难真正扎根。学生把过马路向前走着的人和坐在椅子上弯腰照顾孩子的妈妈都画成躺着或趴着的人,把近大远小的树画成向马路两边叉开的大小一样的树,这些都说明了乡村学生更擅长使用的依然是平面的散点透视而非立体的焦点透视的绘画技巧,只有画画的人在画中游走时,画面才会呈现这般奇怪的平面性和静态性。而当视点固定,画画的人成为画外固定的视点,那么树的远大近小、人的移动和前倾才可以被表现和理解。

虽然学校已远离乡土,但可以看出学生所生活的乡土社会依然参与着学生认知的构造,不是以显而易见的方式,而是以潜移默化的、理所当然的方式驻扎进学生的思维、融入学生的行为。个体或群体的生命并不是无着无落

---

① 王铭铭.教育空间的现代性与民间观念:闽台三村初等教育的历史轨迹[J].社会学研究,1999(6):103-116.

第二章
具象与抽象：学校知识的认知区隔

的,时间与空间的无处不在,使得他们每时每刻都处在一个特定的时空中,都在以不同的方式感受着其所处的时空,累积起周遭的整体性经验,将其融进生命的历程,形成特定的时空意识。身处其间的学生们经由听觉、嗅觉、味觉、触觉不断接触、记忆、强化,时空以一种无形却极为绵密的力量入侵和构造所处群体的感知和思维,继而变成各个群体的一种看似内在的知识生成,看似特殊的生活感觉,看似无意识的自觉意识,一种几乎无须特意表现却能自然流淌的日常经验,一套特定的惯习和认知倾向。

我们不否认学校通过正规的制度规范对学生惯习的塑造力量,但这种塑造应该是对学生原有惯习的无视、排除,还是合理利用？在目前的学校教育中,我们所看到的是这些潜隐在学生时空认知倾向中的特征在学校正式教学的过程中往往被教师们定性为"不动脑筋""不会想""说得很表面"。在乡镇小学的调研中,教师们经常向笔者抱怨：

◆ 我们的学生在表达上存在很大的欠缺:多半会说得很表面、很肤浅。看到什么说什么,很少会用脑子去想想该怎么说,如何把话说好,往深里去说。

◆ 平常点子多得很,鬼灵精怪的,一到课堂上,就愣在那儿了,让他分析课文吧,就读课文,不会用自己的话讲出来,讲出来的话也不经脑子,就堆在那儿,也不想想哪句是重点,哪句是不用讲的。学生太懒了,不动脑子的。

因此,关键的问题是学校教育是否对这些融入学生日常经验的结构性特征足够清醒和明晰？学校教育是否有意识地引导学生做出自我体认和反省？从教师的话语和态度中我们还无法看到这种明晰性。如果再进一步,在国家的宏大叙事中当乡村教育问题被简化为硬件设施的改造与读书机会的保障时,乡村学生诸如上述潜隐在认知层面乃至文化层面的教育问题便会被更深层地遮蔽。因此,了解并揭示乡村学生的认知方式,才能有效地思考乡村学校教育面对现代化进程时应该采取的立场和选择的道路。

乡村学生基于乡土社会循环的时间观形成了以"现在"为时间取向的"看"的具象世界,其符号表达所体现的这种感性、生动、具体、罗列、武断,如果延伸到其心智结构或许会表现为颇为实在的性格、过于感性的认知、缺乏计划的行动、相对狭隘的视野、不够圆通的处事、缺少预见性的想象、不善辞令的表达、顺其自然的心性等等。而城市学生基于都市社会变化的时间观形成了以"未来"为时间取向的"想"的抽象世界,其符号表达明确、理性、抽象,具有普遍性、系统性和逻辑性,形成了其浑然天成的"飞跃的想象""广阔的视野""理性的筹划""整体的构想""能言善辩""心智开放""懂得经营"等人格特点。这些延伸开来的差异已不仅关涉学业的成败,更会影响将来面对的具有现代社会特征的整个职业生涯的发展,甚至更关涉生活的成败。

因此,乡村与城市事实上已经不能仅仅局限于横向的比较,它们更具有纵向考量的意义。可以说,乡村与城市对应着社会转型的两端,我们所处的社会正在从传统社会向现代社会变迁,简单来说即从农业社会向工业社会转变,从乡土文明向都市文明转变。撇开两种文明各自的优劣不谈,这一变迁趋势已经不可阻挡,这样一种变迁不可能是零零星星的,而必定是一种总体性的转变。对变迁中的人而言,每个人都不可避免地要成为"现代人"。英克尔斯曾概括了现代人应该具备的 14 种特征,诸如时间感、计划性、变迁的态度、关系处理等①,这些对于沉浸于乡村时空的学生来说都意味着挑战。

伯恩斯坦的社会语言编码理论认为阶级制度通过不同类型的家庭作用于孩子言语的深层结构中,从而在符号类型、社会结构与经验构建之间建立了基本联系。他提出了对应于中产阶层的精致编码和对应于劳工阶层的局限编码。他在分析为何不同阶层拥有不同编码时指出,中产阶层与劳工阶层所处的位置和面对的社会关系不同导致了两者编码的不同。具体而言,中产阶层身处更具流动性及成员异质性的环境,进行沟通时不能假设对方一定熟悉所谈论的事,所以表达必须阐释事情的来龙去脉,语言表达具有普遍性,任何背景的听者都应该能听明白;而劳工阶层身处缺乏流动性、成员同质性高

---

① 英克尔斯认为现代人应具备 14 个方面的共同特征:(1) 效能感和自信心,不相信命运;(2) 乐于接受生活变迁;(3) 具有接受新事物的能力;(4) 乐观的生活态度;(5) 时间感;(6) 重视技术技能;(7) 待人平等;(8) 计划性;(9) 尊重他人;(10) 对陌生环境不抱戒心,具有信任感;(11) 期待子女受教育和获得现代职业;(12) 具有独立见解,能容纳不同意见;(13) 兴趣广泛,接受信息能力强;(14) 对生活中的问题具有理解力。参见:郑杭生.社会学概论新修(第三版)[M].北京:中国人民大学出版社,2003.

第二章
具象与抽象：学校知识的认知区隔

的社会环境，表达者假设听者都是集体的一员，彼此具有不言而喻的默契，所以表达具有限制性，只有与表达者同属一个群体的成员才听得懂。因此，这里的"限制"不是认知上的缺陷，而是背景和脉络意义上的：意义只限定在那些"知道"的人，他们共享基本的文化价值、预设和理解。在伯恩斯坦的区分中，流动性、异质性等特质与其说符合不同阶层的特征，倒不如说在中国的语境中更符合乡村与城市的不同特质，甚至推及开去，也是传统社会与现代社会的分野。正是在这样的意义上，虽然局限编码只是编码的一种方式，甚至我们认为其拥有独特的文化特性和美感，但是基于乡土或传统社会的编码方式，放在现代社会里就显得有点格格不入了。

也正是在这里，具象、抽象编码与伯恩斯坦的局限、精致编码之间有了异曲同工之处，也遭遇了相似的问题：乡村孩子的编码和生活经验无法直接反映在学校里，整个学校的学习脉络渗透着城市空间的价值体系与象征符号体系。在这里，研究通过编码形式—城乡结构—不平等关系的关联，以凸显心灵意识—编码方式—社会结构之间的相互建构。这一相互建构超出了家庭的范畴，而作用于整个仍处于传统农业社会的地域空间。伯恩斯坦曾言：所谓编码是一种默会的获得且具有调控性的原则，选择且整合相关意义、体现方式及所引起的脉络，编码是一种文化的调控机制，它不单只是一个认知取向的规约者，亦是官方和地方教育机构中心性、认同、规范的形塑者。① 教育机构将不同的编码与相应的位置联结，建立了优与劣的位序，从而让文化转化成自然、偶然转化成必然。

由于编码方式的差异，不同阶层的孩子在以精致编码为主导的学校教育中，学业成败的可能性并不相同，这一结论随着伯恩斯坦的研究已为大家共知。② 我

---

① ［英］伯恩斯坦.教育论述之结构化［M］.王瑞贤，译.台北：台湾编译馆与巨流有限公司，2006：22.

② 伯恩斯坦从取向、定位、分配和表现四个方面区分了精致型与局限型编码。在取向上劳动阶层的儿童典型的分类原则是依赖于特定情境或脉络，中产阶层儿童则是独立于特定脉络。从定位来看，一般而言，社会分工愈简单，一位行动者与其物质基础的关系愈具有特定性和地方性，意义与特定物质基础的关系愈直接；社会分工愈复杂，一位行动者与其物质基础的关系愈少特定性和地方性，意义与特定物质基础的关系愈间接。不同的定位产生不同的互动，实现不同的编码取向。从分配来看，伯恩斯坦认为编码取向和定位都不是内在于不同位置的，而是由社会分工原则所造成的权力分配决定的。

们认为阶层之间的流动或许会因学业本身的失败而停滞,从而在阶层再制中大部分学生各归原位,回到原有的生活秩序中,但是仍有少部分劳工阶层学生因为学业成功获得向上流动的机会,其中有一部分学生将从乡村社会进入城市社会。另一方面,城乡之间的流动已经被裹挟进国家现代化与城市化的进程之中,换句话说,即便遭遇学业失败,城乡之间的流动依然在所难免。在这种流动中,基于不同时空感受的经验系统、思维习惯、生活方式、价值观念将面临诸多的不适与冲突,这已经通过流动人口二代、都市新移民较为集中地反映出来了。其实这种不适与冲突,只要是跨越城乡社会时空的人都或多或少地感受过或正在经历着。更进一步,即使不参与流动,不离开乡村,不跨越城乡,也依然无法摆脱中国社会现代化的进程。不管怎样,对于拥有乡村时空意识及其衍生出的文化态度的人群来说,改变似乎已经在所难免。

研究者从"时空"的视角出发分析并指出了城乡时空结构与学生符号系统之间的联系:乡村学生基于乡土社会循环的时间观形成了以"现在"为时间取向的"看"的世界,其符号表达感性、生动、具体,具有特殊性、罗列性和表面性;城市学生基于都市社会变化的时间观形成了以"未来"为时间取向的"想"的世界,其符号表达明确、理性、抽象,具有普遍性、系统性和关联性。伯恩斯坦的理论认为是家庭文化刺激不足造成孩子语言能力缺陷,从而揭示某些机构(诸如学校)以沟通原则来调控意识的合法创造、分配、再制与改变,让既定的权力与支配的文化范畴得以合法化再制。① 但是在更广泛甚至更深入的意义上,不仅表现在语言上,在学生的时空意识乃至思维层面上,这种差异已然形成。因此,每当孩子思考或说话,社会结构就会在其内心中受到强化,而孩子的认同也会得到塑造。

那么,经过长达十几年的学校教育,对于乡村学生而言,知识能够增加,学业可以提升,甚至语言编码可以改变,但是学生的这些思维习惯、生活方式、价值观念、经验结构是否会发生变化?学校教育是否对这些融入学生日常经验的结构性特征足够清醒和明晰?学校教育是否有意识地引导学生做

---

① [英]伯恩斯坦.阶级、符码与控制[M].王瑞贤,译.台北:联经出版事业股份有限公司,2007:17.

出自我体认、反省与改善？现代乡村学校教育所秉持的相当现代的时空意识及其知识体系与乡村学生所生存的较为传统的乡土时空意识截然不同，造成这种差异不断变大的正是位于乡村的学校及其相关教育机制在时空意识层面有意识的不断变革，由此带来的不仅是学生学业上的困惑，更有整个乡村教育的紧张。面对和解答这些问题，或许不失为学校教育走出"再生产"困境的一种出路，也是教育应对社会转型和变迁的一种责任。

（四）认知差异之外的想象：国家力量与乡土参与

伯恩斯坦在修正其早期提出的符码理论时指出，究竟是采取局限编码取向还是精致编码取向，取决于行动者在社会分工中的定位。不能直接地将社会分工简单的社会对应于局限编码，而社会分工复杂的社会对应于精致编码。不同的定位产生不同的互动，实现不同的物质基础与行动者的关系。他以农民为例，如果将自己视为一个简单社会分工的一环，那么这位行动者在简单社会分工里的互动重心是与地方性、特定性的物质基础有关，他的编码方式更倾向于局限编码取向；如果他将自己视为复杂社会分工的一环，不仅包含种植的地方性社会分工、地方性市场，还能关注全国性甚至国际性的市场与流动，那么其互动重心就建立在复杂社会分工的基础上，他的编码方式更倾向于精致编码取向。① 因此，编码方式的习得不是固定不变，而是取决于行动者的定位，行动者不同的定位取决于行动者的参与。

当现代化的步伐以不可扭转的姿态作用于中国社会时，现代化所内含的进步主义、科学主义、功利主义对传统乡村的文化模式和认知方式的冲击是显而易见的。乡村学校教育被裹挟在现代化的进程之中，或者说乡村学校本身就是现代化渗入传统乡村社会的代言机构，它所要完成的便是对乡村人的认知改造与文化重塑。但上述的分析再一次验证了一个经典的教育社会学命题：教育离不开社会。费孝通在《乡土中国 生育制度》一书中，曾分析了乡土社会

---

① ［英］伯恩斯坦.教育论述之结构化［M］.王瑞贤，译.台北：台湾编译馆与巨流图书公司，2006：21-22.

所养成的生活方式如何使得文字在乡村社会失去意义,他主张只有到了"熟人社会"向"陌生人社会"、从"共同体"向"社会"(腾尼斯)、从"机械团结"向"有机团结"(涂尔干)的社会变迁得到实现时,乡土社会才可能消灭其乡土本色。①当整体社会的转型远未完成,现代意识的乡村教育究竟能走多远?

乡村社会作为传统的他者经常被排斥在现代化教育的设计之外时,整个一代或几代的乡村少年有时被生生地从乡村社会剥离出来,其知识学习脱离其真实的生活际遇,其思维训练与其所处时空的文化认知存在着难以跨越的鸿沟,学生常常在被硬生生地灌入各种知识和技能,而不是被唤醒自己的力量去汲取知识,获得心智的提升,从而导致教师在教育中的误解以及教育本身对这些孩子的不公。很难想象,与乡村学生认知结构与心智意识格格不入的知识设计如何在学生的生命中真正扎根,乡村学生如何在与城市孩子的一次次残酷竞争中胜出。而这样一种既不能充盈生命又不能提供实惠的教育对乡村孩子来说不仅是一种浪费,更可能塑造其独特尴尬的人格与生存方式:从学生时空意识的认知紧张延伸开去的是整个一代人文化认知和生存方式的紧张,他们中的大多数既无法真切地扎根于传统乡土社会,又无法有效地纳入现代城市社会,最终将成为漂浮无根的存在。

那么,在乡村学校教育过程中所遇到的尴尬和紧张是否是这一代或几代乡村学生必须为之付出的代价?是否就没有其他的出路和方式可以选择?或者说在现代化的认知框架中如何把准乡村教育的发展脉象?显然逃离现代化的进程既不现实也没有可能,关键的问题是如何在乡村少年的认知与思想触及现代化的藩篱时能够接壤其现实的生活时空,从而使其既不徘徊于现代化的门槛之外,又能扎根于乡土社会,拥有健全的精神生活与充足的生命底气。那么,可能的出路何在?这需要自上而下的国家与自下而上的地方两种力量的参与和相互建构,只有在乡土文明依然拥有活力的前提下,乡村教育在现代化的冲击下才能具备生存的根基。

在学校的现代性转变过程中,至少在时空意识的变迁过程中,我们看到更多的是自上而下的国家单方面的制度化努力,从时间的规范到空间的调

---

① 费孝通.乡土中国 生育制度[M].北京:北京大学出版社,1998:9.

第二章
具象与抽象:学校知识的认知区隔

整,每个阶段都有其标志性的制度建设。这种努力的过程同时还伴随着这样一种现代性的认识陷阱:现代性在社会认识上所造成的后果,是促使人们用一种传统—现代、落后—进步、非理性—理性的二元对立的单线史观来看待社会的变迁。"现代性的后果因而不只是社会转型,而且还是对我们的社会生活有深刻影响的认识贫困和社会认识单向化。"①于是在这一过程中,乡土或传统社会本身的文化和力量始终被排除在外,乡村独特的认知特质在乡村教育中无从显现,教育的时空设计也从整体上选择了对乡村视角的遮蔽。虽然新中国已成立70多年,"人民的教育人民办"始终是中国基础教育不争的事实,但是乡村社会对教育的参与更多是资金上的提供,而少有精神及文化层面的参与。另一方面,中国社会正在从乡土中国走向离土中国,中国农民的生存样态越来越不依赖于乡土或以乡土为中心,可以说中国乡土文化本身也处在一种转型的过程中,也正因为此,一种相互建构的想象才尤为重要。

相互建构一方面意味着:中国乡村学校教育的现代转型不仅需要国家自上而下的制度设计,而且也离不开自下而上的乡土社会的参与,这意味着两种力量(国家力量与乡土力量)和两种文化(现代文化与传统文化)的直接碰撞,也只有在这两种力量和文化的相互碰撞与磨合中,人们才能更深刻地领会现代教育的意蕴,以及反思和规避现代性所带来的问题与局限,从而找到乡村学校教育在现代教育中的真正立足点。个人的生命往往扎根于其成长的时空,对于乡村学生而言,乡土时空意识与现代时空意识之间的紧张依然存在,如何促成教育中的个人与其生存时空之间亲近关系的建构,如何实现个人在现代知识与乡土意识之间健康的文化融合,这是乡村教育现代性所要面对的不能回避的问题。

相互建构的另一方面意味着:中国乡土文化在乡村学校教育的文化提炼与参与中得以重建乡土社会的基本自信和价值,使得身处其间的行动者能够有信心将自身定位于更大空间的参与者和建构者。如果我们不是以"落后与

---

① 王铭铭.教育空间的现代性与民间观念:闽台三村初等教育的历史轨迹[J].社会学研究,1999(6):103-116.

先进"的功利性价值为参照系,而是从"心灵和智慧"的视角来考察乡土意识与现代意识,那么我们必须承认,两者事实上并无高下、优劣之分,两种意识和文化不是谁替代谁的问题,而是如何相互汲取营养的问题。"现代性本身意味着以人类的理智来创造第二自然,从而把人类从自然的存在中抽离出来,它开启的是一个进取、征服、扩展、抽象的价值世界,更多地强调生存之上的获得性价值。传统乡村文化所蕴含的泥土般的厚重、自然、淳朴、天人合一而又不乏温情的生存姿态,其更多地珍视生存本身的价值,是我们从技术所围裹的现代性藩篱中可退而守之的生存底线。"[①]因此,如果乡村社会能参与学校文化和学生精神建构的过程,并在这一过程中对自身文化加以提炼、体认和反省,构筑与学校教育的良性互动,保持与现代文化的必要张力,从现代性的遮蔽中寻找自身的存在价值,那这不失为反思与改革现代乡村学校教育的可能且可行的出路。

(本章内容改写自高水红的两篇文章:一是《学生符号世界的城乡区隔——时空视角》,发表于《教育研究与实验》2011年第四期;二是《乡村学校教育变迁与时空意识的变革》,发表于《北京大学教育评论》2012年第四期)

---

① 刘铁芳.乡土的逃离与回归:乡村教育的人文重建[M].福州:福建教育出版社,2008.

第三章

水平与垂直：教学过程的差异架构

第三章
水平与垂直：教学过程的差异架构

我们总是假设学校课程具有高度的学术化取向与抽象化特征：重在抽象概念及概念之间的逻辑关系，是一种被英国教育社会学家伯恩斯坦称为"精致编码"的符号系统，或者如前一章所述，是不同于具象化和情境化思维的抽象化系统。也因此形成了这样的"经典"判断：那些拥有局限编码的学生一旦进入精致编码的学校，其知识结构、思考模式甚至表达方式都会格格不入，正是因为这样的格格不入，拥有局限编码的学生群体在学校中处境不利。[①] 但是学校学习的过程不仅是在巩固旧的经验和符号，也在习得新的经验和符号，甚至学校教育更多意义上是以习得新的经验和符号为主。学生在其求知旺盛、精力充沛的一个较长时段内需要在学校中度过，需要和教师、同辈交往，需要习得新的规则、知识和行为。如果说学生对于旧有的符号系统连接学校新的符号系统存有群体差异，那充其量仅是学生进入学校学习后起点处的差距，这种差距能延续多久？虽然我们不能小看原有经验在新经验习得上的阻力或助力，但也不能过分夸大或刻板地看待这种阻力或助力，否则学习者在哪里？学校教育在哪里？我们更关心的问题是：学校教育过程本身是否一定是精致编码的承载体或传声筒？学校教育过程是否也有类似学生群体的阶层分化？

伯恩斯坦指出：教育社会学很少注意到教育中的教师或教学的论述规则，一般的文化再制理论也似乎更关切教育再制内容的分析，而非再制媒介自身的分析。[②] 他接着评价说：布迪厄和帕斯隆的研究算是最能说明学校教育在阶级关系再制里面所扮演的角色了，但即便两人分析了合法性、传递/习得原则、沟通实践及其意义体系，以及它们的独断特征如何掩饰所传递的权

[①] Bernstein B. *Class, Codes and Control*, Vol.1: *Theoretical Studies Towards a Sociology of Language*[M]. London: Routledge & Kegan Paul, 1971.

[②] ［英］伯恩斯坦. 阶级、符码与控制（第四卷）：教育论述之结构化[M]. 王瑞贤，译. 台北：台湾编译馆与巨流有限公司，2006：185-186.

力关系,对于特定论述的构成原则仍未进行系统而特定的分析。① 随着新教育社会学的发展,法定知识的选择以及在学校及课堂中实际生成的知识成为研究者关注的重点,但是生成并传递这些内容的载体是什么？什么样的结构允许这些内容被传递？从教学架构的形式而非内容来分析教学过程,即关注教学是如何言说的。教学过程的内容分析与架构分析的差异在于：前者关注教学的内容说了什么,还有哪些力量悄然随行；后者则关注教学的内容是如何存在的,它为什么不是另一种存在。因此内容分析不断地把触角伸向内容与意义的"深层",借助解释学的方法使陷在"深层"的东西浮现,使藏在"背后"的东西去神秘化,力求在"层层"的揭露与"大胆"的联想中达到一种最丰富、最崇高、最具灵性的"意义的回想"。架构分析则朝着另一个方向：就教学过程被确定的存在本身探讨它。我们把对教学过程关注的重心从原来的"谁在说""教学内容背后的意义"等问题转向"如何言说""这种教学存在的条件是什么"等问题。这就接近于语言和言语的区分,在教学内容之外,让内容得以传递的原则和结构是什么？让我们把眼光瞄向教学实践的背后,把脉其深层的结构特征,探寻这些结构特征在学生群体的整个教育轨迹中究竟是在助力还是在弱化学生群体原初的分化。

一 社会阶层与教学实践

伯恩斯坦本人在其揭示了学生群体的编码系统后便把目光转向了学校,致力于有关课程符码、教学类型、教育论述及教育机制的分析,并试图寻找教学过程背后的阶层规则。理解伯恩斯坦的课程符码与教学类型,首先需要明确两个重要的概念：分类(classification)与架构(framing)。这是伯恩斯坦分析课程、教学和评价的两个重要概念。这里的"分类"是指在不同课程之间内

---

① [英]伯恩斯坦. 阶级、符码与控制(第四卷)：教育论述之结构化[M].王瑞贤,译.台北：台湾编译馆与巨流有限公司,2006：187.

容的分化程度或排他性强弱,不同课程内容之间界限越牢固,彼此的关系越是壁垒森严,就意味着课程内容与内容之间的分化程度越大,排他性越强,课程就属于"强分类"(strong classification),反之便属于"弱分类"(weak classification)。强分类事实上降低了教师对于课程内容的控制权,让教师无法逾越课程内容的界限,使得教师的权力远低于界限维持者的权力。这里的"架构"是指师生之间对于教学关系的掌握程度,既定的教学规则越多,学生对于知识传递与接受的选择、进度、顺序的控制权力越小,这种架构属于"强架构"(strong framing),反之则属于"弱架构"(weak framing)。事实上强架构降低了学生习得知识内容、控制时间和方法的权力,增加了教师的权力。①因分类与架构在强弱组合关系上的不同,形成了两种类型的课程符码和两种类型的教学实践形式。

(一) 集合与统整:课程知识的符码类型

集合课程(a collection type)的特征是强分类,各学科彼此泾渭分明。这类课程又可按照专门化及单一性细分为不同类别。专门化(specialization)是指中学教育结束后学生参加公开考试的科目数量,数量越少,专门化程度越高,反之,专门化程度越低;单一性(purity)是指中学教育结束后参加公开考试的科目是否来自同一知识领域,考试科目如果是数学、物理、化学,因同属于理科,所以课程的单一性程度就高,如果是宗教、经济、物理等,则属于混合性知识领域,其单一性程度就低。统整课程(an integrated type)与集合课程恰恰相反,其特征是弱分类,将原来界限分明的学科隶属于界限模糊的关系性观念之下。统整课程也可以分成两类:一类是以单个教师为主,一类是多个教师协同合作为主。集合符码的课程与统整符码的课程在以下三个方面影响教师、学生在教育中的权力关系和知识获取。

其一,影响教师对课程的控制。集合课程因其学科界限分明,学科教师

---

① Bernstein B. *Class*, *Codes and Control*, *Vol.3*: *Towards a Theory of Educational Transmission*[M]. London: Routledge & Kegan Paul, 1975:116-151.

对自己所教学科拥有较强的话语权和自主性,可施加更多个性化的影响和建议,甚至可以决定评价的标准和进程;而统整课程因涉及不同学科,教师之间需要相互协商、分工合作,单个教师很难在统整课程中保持个性,并对统整课程拥有绝对的权威,其对课程的掌控力也会相应减弱。

其二,影响学生对知识的获得。集合课程强调秩序,强调知识类型是明确的、有系统的、有结构的,不允许混合范畴和模糊认同,认为教学应该由浅入深、由表及里、循序渐进,因此鼓励学生打牢基础、层层推进。统整课程打破学科界限,学科本身的知识和地位被更高的统整理念所凌驾,知识的不确定性、探索性从一开始就出现。统整课程的学习目的是掌握更高层次的概念及原则,鼓励学生综合、批判、独立地思考。这种符码强调求知的方法而非知识内容本身,强调对于抽象性和普遍性原则的探索和运用。

其三,影响师生互动的关系。集合课程因教师对学科课程拥有较大的自主权,拥有更高的权威性,因此倾向于教授,是一种强架构的教学组织方式。在这种课程中,教师是真知的传授者,其权威被视作理所当然,而学生是被教授的一方,师生之间处于并不平等的关系中。而在统整课程中,教师对于知识的掌控变弱,教学从强调教师单向地教授,转变成学生自主地学习,教师也从教学的权威者变成教学的引导人,因此统整课程中的师生关系比集合课程中的更为平等。

(二) 有形与无形:教学实践的控制方式

如果说集合课程与统整课程的区分主要是从知识内容的分类强弱来看的,那么从架构强弱的角度,则有了对知识组织方式的一组分类,即有形教学(visible pedagogy)与无形教学(invisible pedagogy)。有形教学的特征是强架构,知识传授的进度、顺序、要求等都较为明确,教师对于教学过程拥有较大的控制。而无形教学则相反,其特征是弱架构,知识传授的进度、顺序、要求等拥有弹性,学生对于教学过程拥有参与甚至改变的可能。

伯恩斯坦虽然没有具体列出两者之间的对比,但他在《阶级与教学法:有

形与无形》的开篇就列出了关于无形教学法的 6 点特征[①]：

1. 教师对于儿童的制约方式是含糊而非明晰的。
2. 教师提供教学场景，儿童可以重新安排或进行探索。
3. 在教师提供的教学场景中，儿童拥有权力可以选择自己的活动内容、活动时间和组织方式。
4. 儿童可以调控自己的活动和社会关系。
5. 对于特定技能的传授与学习有所减弱。
6. 教学评价标准多元而分散，教学结果不易测量。

显然，无形教学的规则就是在教学活动中，内容、进度、步骤、时间及评价标准和方式都模糊而有弹性，根据学生的状况进行适时适当的调整，不受外在标准的束缚。因此这种无形教学的教学活动可以说是极具个性的。打个不恰当的比方，就像是定量和定性两种研究方法，前者就像有形教学，客观、清楚、明确，而后者会因研究者不同、对象不同、场景不同，结果千差万别。这样一种教学类型预示着教师的工作已经不是过去担任知识的传递者那么简单，教师被要求尊重学生的兴趣与个性，教师须负责安排教学场景，以激发学生主动探索知识的能力。因此，不论是课程、评价、学习都呈现出开放、弹性、多元和动态的特征。

（三）教学过程的阶层性规则

伯恩斯坦通过集合课程与统整课程、有形教学与无形教学的区分来关注知识内容及知识组织形式的阶层化。其问题意识可以归结为：

> 关注社会如何在个人身上烙下痕迹，而社会所书写的东西又如何成为社会的文法。基本上，这个理论说明作为文化再制规约者之象征控制形式及其变迁。尤其是它说明象征控制正式或非正式制度化成为教学实践的那些形式，说明这些教学实践如何直接或间接

---

① Bernstein B. Class, *Codes and Control*, Vol. 3: *Towards a Theory of Educational Transmission*[M]. London: Routledge & Kegan Paul, 1975:116 - 151.

地转送权力和控制,更特别的是,权力分配和控制原则的转送是一种阶级关系的功能,是故,这里有两种要素:一种是将行动机构、行动者、实践和沟通的专门化形式加以模式化,以揭露作为文化载体的各种不同规约类型或模式及其组织原则;另一种是展现这些原则本身如何直接或间接地作为阶级关系再制的媒介。①

关注学校教育的知识界定和教学实践的社会基础,以此能够显示阶层的权力分配和控制原则如何塑造不同符号的不同安排,又如何进入教师与学生的经验,构筑起他们的世界。那么,这样一种课程知识类型及由此衍生出的教学实践具有怎样的阶层特征呢?伯恩斯坦通过一系列的分析发现无形教学是在新中产阶级服务的私立学校中首先制度化的,从有形教学到无形教学的转变是中产阶层内部冲突的结果:

> 中产阶级内部的这一冲突,在年轻人社会化的不同方式中得以迅速实现。在旧中产阶级中,社会化是强分类、强架构的,其界线默会地传递关键的、浓缩性的信息;在新中产阶级中,社会化是弱分类、弱架构的,借助沟通明确性促进更大的模糊性,促使更多的意义不清和产生模棱两可的意识形态,这种意识形态的关键是个性概念,而非个人概念。个人概念是导向具体的、清晰的角色认同以及相对固定的角色表现。个性这一概念则导向模糊的身份认同和弹性的角色表现。②

按照伯恩斯坦的观点,旧中产阶级为了保证文化的再制,需要大大减少变异,因而更认同强分类、强架构的教学类型,而新中产阶级为了打断文化的再制而鼓励变化,更倾向于弱分类、弱架构的教学类型。简单来说,分类与架构的强弱变化决定了阶层的再制或打断,这便是伯恩斯坦道出的知识类型与教学实践的阶层密码。

---

① [英]伯恩斯坦.阶级、符码与控制(第三卷):教育传递理论之建构[M].王瑞贤,译.台北:联经出版事业股份有限公司,2007.

② Bernstein B. *Class, Codes and Control*, Vol. 3: *Towards a Theory of Educational Transmission*[M]. London: Routledge & Kegan Paul, 1975:116-151.

第三章
水平与垂直：教学过程的差异架构

那么为什么新中产阶级更倾向于打断阶级再制呢？这涉及新、旧中产阶级的区别。在西方，旧中产阶层一般是工业化社会的产儿，马克思将其概括为小工业家、小商人、小食利者、富农、小自由家，以及医生、学者、牧师等为数不多的自由职业者。①而新中产阶级则是后工业化社会的产儿，是拥有"象征性"控制而非"资产性"控制的一群人。米尔斯在《白领：美国的中产阶级》一书中，对新、旧中产阶级的特征做了全面的分析，他认为，新、旧中产阶级的最大区别有二②：

> 其一，无论是自由农场主还是小企业家，老式中产阶级中的大多数人都拥有自己的财产；而新中产阶级则大多没有自己能够独立经营的财产，他们作为高级雇员为拥有大型资本的人工作。因此从财产方面说，他们的地位和普通劳动者一样，只是职业收入处在中间。其二，老中产阶级会自己从事一些体力劳动，而新中产阶级一般从事脑力劳动，并且其中相当多的职业是专业技术性的，他们从事的工作是与人和符号打交道。

新中产阶级的这些特征导致他们在其阶层位置上的暧昧模糊：

> 以知识或象征（尤指实用的科技知识）作为生产工具或"资本"具有特殊的社会意涵，是不同于传统的"劳力"生产工具或"金钱"为主的资本形式的。在雇佣的关系下，"劳心"者未必拥有生产品的所有权。他们也如同传统"劳力"者贩劳力和技巧一般，把知识卖给资本家，并无法完全拥有生产结果。但是，此一"生产工具"在比较之下，较"稀少"或有"不可取代性"，其市场估价高，讨价筹码也较大。尤其，有了专利著作权法的保护，这类生产者往往对其生产品拥有至少部分所有权。这使得知识作为"资本"的独立性机会提升，这类劳动者因此有提升作为资本家的条件。这是使其阶级性模糊暧昧的关键之一。③

---

① 周晓虹.全球中产阶级报告[M].北京：社会科学文献出版社，2005：15.
② 周晓虹.全球中产阶级报告[M].北京：社会科学文献出版社，2005：14.
③ 叶启政.台湾"中产阶级"的文化迷思[M]//萧新煌主编.变迁中台湾社会的中产阶级.台北：台湾巨流图书出版公司，2009：103－125.

可以说,新中产阶级深陷一种极其矛盾的立场:一方面,拥有差异,反对僵硬,支持表达,反对压抑,赞同人际沟通,反对地位关系;另一方面,坚持劳动分工,同时尽自己所能获取已有权力、声望和地位的再制。

   新中产阶级对于采取无形教学作为儿童时期社会化的方式,有着某些矛盾的热诚,尤其到了中等教育阶段,更满足于学校里有形教学。但另一方面,中产阶级也是使无形教学制度化于幼儿学校、根植于小学、延伸到中等学校之运动的领导者。这个运动直到确保中等学校同时提供有形教学和无形教学为止,有形教学提供给中产阶级,无形教学则属于劳动阶级。①

伯恩斯坦关于知识内容与教学方式的分类给予我们启发,但是其阶层规则的探讨显然并不切近中国的现实。同时课堂教学作为一个动态的过程,体现更多的情境性和权宜性,在中国的基础教育领域究竟呈现怎样的教学架构方式?其背后隐含怎样的结构密码?我们有必要放下理论和概念,深入课堂一探真相。

二 水平传递与垂直传递:教学实践类型的比较②

课堂是学校教育的主阵地,也是教师精心策划和设计的重要舞台。它不仅承担着知识传递的重任,同时也是师生互动的重要空间,是学校教育作用于个人最直接、最重要的场所。学生在课堂上不仅获得显在课程的影响,也

---

  ① Bernstein B. *Class, Codes and Control*, Vol. 3: *Towards a Theory of Educational Transmission*[M]. London: Routledge & Kegan Paul, 1975:116-151.
  ② 本章节的案例材料来自笔者在江苏省 NJ 市的一所知名小学 A 校和同在 NJ 市的一所以流动人口为主的小学 B 校的调查,A、B 两校均为位于主城区的公立学校,A 校在家长心目中属于 NJ 市的"一线学校",而 B 校则因为每年都招不满学区内的学生,而把大量名额拨给外来务工人员的子女。我们分别在两所小学的不同年级和班级随机听取了共 26 节语文课和数学课。比较幸运的是,我们在同一年级听取了一些主题和内容相同的课,这让我们可以更好地进行不同学校之间教学方式的比较。

第三章
水平与垂直：教学过程的差异架构

受到潜在课程的熏陶；不仅习得知识，也习得行为和观念。教师对教材知识或称法定知识的表达、组织和传递，决定了知识最终究竟以何种类型、何种方式呈现在学生面前，并作用于学生。教师就像导演，他决定了这场剧目如何开场、何时切换，演员之间如何互动，剧情朝什么方向发展，以及如何收尾和谢幕。当然，学生在课堂中的参与也会激发教师的灵感，使得剧情多了预设之外的波澜；同时，教师对课堂的组织也会引发学生不一样的反应和思考，使得剧情多了预料之外的后果。

我们在调研中发现，在问题的论述、知识的结构、内容的组织、教学的进程等方面，所调研的两所学校呈现出不同的风格和面貌。如果说站于前台的教师作为传递者，让我们清楚了谁在说话，那充其量只是显在的论述者，我们进一步需要问的是"什么在说话"，通过教师如何论述，我们大概可以明确究竟"什么在说话"。

（一）问题论述的范围：明确与含混

教师在课堂中如何设置问题、如何表述问题，直接影响学生从何处开始思考、思考些什么。课堂中问题的设置可以说是整个教学的灵魂，是学生在课堂中获得知识的关键。我们在调研中发现，两所学校的教师在课堂中对于问题的处理和表述的清晰程度存在差别。A校教师所提问题指向明确、表述简洁到位，学生比较容易揣摩教师提问的意图，也很容易回答到点子上；而B校教师对于问题的处理比较迂回，无法让人直接明了其问题的指向，同时其表述问题时也常常使用一些开放性概念，容易让学生无法思考或回答不到"点子"上。

1. 特指与泛指

特指与泛指是一种语言表达方式，在英语中冠词"the"用在名词前，帮助把所说对象的范围界定清楚，比如"把药吃了"和"把这药吃了"，后者就是用了一种特指的表述方式。特指可以是上下文中提到过的事物，或者是双方默认的事物，或者是被限制性修饰语所限定的事物，或者是世界上独一无二的事物，不管是哪种情况，有一点是明确的：特指一定是指向明确清晰、不会产生歧义的表述,甚至之所以用特指的表述方式,目的就是限制歧义的产生。泛指则相反,是指不限定某事或某物。在此,借用特指与泛指的概念,是要表明在课堂问题的表述中对于问题范围的限定差异。特指表明问题表述限定了问题的范围,使得问题含义明确;泛指是指问题表述没有限定范围,使得问题含义模糊。

在我们调研的A、B两校中,教师在问题表述上的差异是明显的。一方面,教师们在表述上的清晰程度不同,A校教师通常通过限定性语词使得问题表述更为明确,而B校教师通常使用比较宽泛、没有限定的概念表述问题,使得问题的指涉不明。另一方面,教师们对于清晰表述的自觉程度不同。A校教师对于问题表述的限定意识都比较自觉,通常首次提出的问题清晰而到位,很少对问题进行校正;而B校教师对于问题的限定意识相对而言不是太自觉,通常提出的问题较为含混,有时会等到学生丈二和尚摸不着头脑时再予以纠正。我们以两校都涉及的《咏华山》这篇课文的教学为例,看一看教师们在实际教学中问题表述的差异,以及此差异带来学生怎样的回应及思考的不同。

在处理华山究竟具备怎样的特点时,两校教师做了以下不同的教学设计:

(A校,《咏华山》,一年级)

师:读了这一段,你知道华山有什么特点?

生:华山很高。(教师板书"高")

师:你是从哪儿看出华山的"高"的?(展示文字"啊!华山真高哇!")

生:华山真高的"真"。

师:嗯。华山真高哇!(教师示范读,语气上突出"真")

生:感叹号。

师:对,很好,有两个感叹号。还有吗?(展示后面一小段)

生:远远近近的山都在自己的脚下。

师:找得很准,但是句子没有找完整,我们考试的时候也有找句子,是要求把句子找完整的。你再找找看。

第三章
水平与垂直:教学过程的差异架构

生:除了蓝天,远远近近的山都在自己的脚下。

师:这句话是什么意思?(在幻灯片上突出这句话)

生:只有蓝天在上面,远远近近的山都在自己的脚下。

师:对,"除了蓝天",就是说只有蓝天在上面,说明华山很高。

围绕华山"高"的特点,A校教师首先提出的问题"华山有什么特点",直指问题的核心,表述非常明确简洁,通过"特点"一词限定了学生们思考的方向和范围,接着通过板书、示范读、展示重点句子、自己总结等慢慢引导学生从课文中理解华山的这个特点。而B校教师用的不是"特点",而是"怎么样""什么感觉"来表述问题,是一种不限定思考范围的泛指,教师试图通过不停地追问来让学生明确课文是如何呈现华山"高"这个特点的。但由于问题表述的宽泛,以及没有借助其他教学手段给学生足够的限定和引导,学生表现得越来越困惑:

(B校,《咏华山》,一年级)

师:请小朋友打开书,第137页。

生:第137页。

师:自己啊,读一读课文的第二自然段,边读边想一想,读了这个自然段后,你觉得华山怎么样? 开始。

……(学生读完之后,击掌示意,然后抱臂坐好)

师:读好了吗?

生:读好了。

师:读好了来说说看,你觉得华山怎么样?

生:我觉得华山很高。

师:你从哪儿看出来的?

生:(读课文的句子)

师:你从这感觉到华山很高,对不对? 还有什么其他的感觉吗?
  (点名)

生:我感觉太阳显得那么的近。因为……太阳……太阳特别特别的高。

081

师:那你觉得华山怎么样?

生:也是特别特别的高。

师:从"显得特别的近"这句话感觉到特别的高,是不是?还有吗?除了高还有没有其他的感觉?请××说说看。

生:大。

师:怎么就"大"了呢?

生:因……因为……嗯……远远近近的山都在自己的脚下,好多,那就代表那个山很大。

师:范围很大。

生:嗯,范围很大。还有几座山都在自己的脚下。

师:周围还有很多的小山,是这个意思吗?远远近近的山都在自己的脚下,太阳还不仅高(太阳不仅很高),而且你还觉得……你还有什么感觉?

生:就是……而且又觉得……就是……

师:没想好,请坐。

生:就是……感觉……嗯……就是感觉如果你站到上面,下面的景物就在你的脚下。

师:这些景物还怎么样啊?……还很多,而且还很……(教师拉长音,等待学生回答)

生:很小。

师:是因为华山……(教师拉长音,等待学生回答)

生:高。

师:很高,是不是啊。谁来读读这些话啊?我们刚刚找到的,从这些话我们看出了华山的"高"。

生:啊!华山真高啊!

师:听出来华山的"高"了吗?

生:听出来了。

师:嗯,听出来了,有的人说,高耸入云了。

B校教师的问题显得更多,如果不在现场,或者不在上述的课堂实录中

第三章
水平与垂直:教学过程的差异架构

用问题标示,你一定看不出教师提出的哪些是问题、哪些是自己的陈述。从表述的清晰程度看,不仅教师问题表述本身限定不够清楚,出现了很多"怎么样啊""还有什么感觉"等含混的用词,而且问题与陈述之间的界限也不够清楚,比如"远远近近的山都在自己的脚下,太阳还不仅高,而且你还觉得……你还有什么感觉?""这些景物还怎么样啊?……还很多,而且还很……"哪些是问题?何处需要学生回答?甚至为什么需要学生回答?在B校教师的课堂教学中都显得杂乱无章。因此,看似B校教师的问题设置更加开放,问题也更多,给予学生的思考空间更大,但仔细分析,你会看到这样的开放让学生无所适从,学生既不知道如何回答,也不知道如何思考,甚至教师还经常抱怨学生回答不到点子上:

(B校,《咏华山》,一年级)

师:华山啊,这儿啊有百丈云梯(教师指着挂图),几乎是直上直下的。直上直下,要登上这样的山,容不容易啊?

生:不容易。

师:我们南京啊有一座紫金山,这座山只有448米,我们爬起来已经很累了。(一个学生插话:我爬起来不累,我爬过的。老师并没有理睬,继续说)而华山有两千多米,(学生又是一片惊叹)也就是说啊,要5座紫金山加起来才能跟华山相齐。要登这样一座山,就更加累了。(一个学生附和道"更加难了")不仅如此,这个啊,是华山第一险,叫作千石狀,它啊,是一个长约几十米,宽呢却不过一米的通道。石级的两边啊,就是万丈深渊,想想看你要是走这里,会怎么样?

生:我觉得会很挤。

师:为什么会很挤?

生:因为那个路很窄。

师:而人多,你就觉得?

生:多又挤。

师:那这个时候你会觉得怎么样,因为挤的话?

生:就会死。(下面不少学生开始讨论起来)

师：一不小心掉下去，那可是万丈悬崖。华山呀，不仅高，而且非常的险，要登上华山真的是……

生：太难了。（学生应和）

师：所以课文中说（展示课文第二小节第一句话）……一起读。

师：他们爬得轻松吗？

生：不轻松。

师：艰难就是很难很难。读好这个词——"艰难"。

教师总是关心学生有没有答到点子上，有没有领会教师的真实意图。作为一个旁观者，研究者更想关注的是教师有没有问到点子上，有没有真正站在学生的立场，思考哪些用词学生能明白，哪些问题学生能回答，以及哪些内容让学生直接回答，哪些内容给出引导，哪些内容教师自己总结，等等。同样是概括华山"险"的特点，A校教师的处理简洁和清晰，学生也更能回答到点上：

（A校，《咏华山》，一年级）

师：除了高的特点，华山还有什么特点？

（展示第二段第一句话，"他们沿着山路艰难地爬上山顶"，用不同的颜色突出"艰难"二字）

生：华山很难爬上去。

师：这体现了华山什么特点呢？

生：华山凹凸不平。

师：不对，这个词用得不够准确。

生：陡峭。

师：对，很好，华山很陡峭。

生：险峻。

师：这个词用得很好。要爬上华山很艰难，说明了华山的"险"。

（教师板书"险"）

2. 直接与迂回

表述的明确与含混不仅体现在用词的特指与泛指、问题的限定与不限定

第三章
水平与垂直:教学过程的差异架构

上,也体现在表述过程的直接与迂回上。A校教师特别注重课堂的效率,任何陈述都能看出教师的用意所在,几乎没什么废话;而B校教师虽然也注重课堂的效率,但在其课堂教学中却感受不到环环相扣的紧凑感,反而教师经常会被自己的教学设计打乱了阵脚,甚至陷在师生共同生成的情境中而无法抽离,远离了原本的教学目标。

(B校,《咏华山》,一年级)

师:陈老师在黑板上画一座高山,那你能在这座山上把飘着的白云添上去吗?

生:能。(很多学生举手,教师点名)

师:白云飘在哪里?请你看清楚。(教师提示站在黑板前的学生)

生:山腰。

师:那你应该画在哪里?

生:山腰。

(教师画的高山有点高,学生很难够到山腰,停顿了一下。教师发现后,继续提示学生:"你想画在哪儿?""画在这儿?画在这儿?"教师边说边在黑板上指,学生最后没有选定位置。教师又找了一个学生上来,还是一样提示他,学生边画,下面的学生边评论:"好矮啊。""好低哦。""好像画偏了。"基本上是在山腰的部分,由于学生身高的原因,还是稍显偏下)

师:他画的位置对不对?

(学生有的说对,有的说不对,教师点名回答)

生:他画得太低了。

师:为什么太低了?

生:因为……("都快要掉到地上来了。"有学生插嘴,好多学生都因此讨论了起来)因为山没有天那么高。

(被教师叫起的学生刚回答完,有一男生突然大声说"说了山腰间飘着朵朵白云")

师:×××,你说。你觉得他画得对不对?(教师听到后赶紧把那个学生叫起来)

085

生：对。

师：为什么对？

生：因为这边就是山腰间。

师：课文说，山腰间飘着朵朵白云，而他正好就画在了山腰间。山的最下面我们把它叫作山脚下，山的最上面我们把它叫作山顶，山的中间我们就把它叫作山腰，就像人的腰在中间的位置上，对不对？（教师说着在黑板上比画山顶和山脚，用手在自己的腰间一横，指出腰的位置，学生都学着教师摸了一下自己的腰）所以，白云在山腰间飘着，正好是在山的中间，××画得对不对啊？

生：对。

师：嗯，画的是对的。

教师原本希望通过让学生在黑板上画出山腰的位置，来直观地呈现"云在山腰处"，从而让学生感受山的高。但是教师因为没有考虑到自己与学生身高的差异，使学生画的时候出现了意想不到的情况，引起了学生的歧义，最后课堂变成了对画得对与不对的讨论，教学的重心变成了"山腰"本身而不是体会"山高"，教师自身也陷在当时的情境中，不能跳出来看问题，回不到原本的线索上。同样是处理"山腰"，A校教师通过拟人的方式直接告知学生腰的位置，让学生体会"在腰间"与高的关系，紧紧围绕教学的线索展开：

（A校，《咏华山》，一年级）

师：山腰在哪儿？

生：山的中间。（学生在下面自己说）

师：举手说话。（请一位学生回答）

生：山的中间。

师：小朋友们的腰在哪儿啊？（学生都把手拿下去扶着自己的腰）包老师的腰在哪儿呢？（教师也用手扶着自己的腰）小朋友的头就在我的腰间，是不是？（教师边说边从学生身边走过，并用手在学生的头和自己的腰之间比画）你们看我就

第三章
水平与垂直：教学过程的差异架构

觉得很高,对不对?有的同学还要仰着头才能看到我。

在课文的结尾处,B校教师为了说明诗人"情不自禁"的输出,也采取了迂回的方式加以引导,但由于教师的问题"这个时候,你最想做什么"与其想要引导孩子们说出的"情不自禁"之间相差太远,导致学生们的思路越跑越远:

(B校,《咏华山》,一年级)

师:爬上山顶,登上山顶真是太难了。假设你现在已经艰难地爬到了山顶上,你就站在华山顶上,这个时候,你最想做什么?(点名)

生:我会站在上面,拍张照。

师:哦,拍张照片留作纪念。(点名)

生:我在上面会望风景。

师:欣赏风景,欣赏美景。你说。

生:我……我会……我会喝点水,防止……压力太大了。

师:哦,请坐。你说。

生:我会在山顶上放风筝。

师:山顶上放风筝太危险了哦!(这时,学生们都议论起来)

师:登上这个山太不容易了,要拍照留个纪念,还要欣赏美景,是不是啊?我们的小诗人也跟你们一样非常的高兴,迫不及待地想要把自己喜悦的心情给表达出来。想把自己喜悦的心情给表达出来就叫作情不自禁。(说完教师板书"情不自禁",学生在下面小声地念叨"情不自禁"。教师回头严肃地说:"你们把嘴巴闭起来。"教室安静了两秒钟,然后又有讨论声。教师领读这个词)

师:华山这么高,这么美,小孩呢就情不自禁地吟诵起来了。让我们一起读读这首诗。"只有天在上",预备起。

在A校教师关于这一问题的处理中,我们看到了其近似"粗暴"的直接:

(A校,《咏华山》,一年级)

师:"情不自禁"是什么意思?

生:忍不住。

生:控制不住自己。

生:控制不住自己的感情。

师:"情不自禁"就是不能控制自己。生活中,你有没有过情不自禁的情况?(教师顿了一下)老师先来说一个。妈妈很爱看韩剧,看到感人的情节时,就情不自禁地哭了。有谁能来说一个?

生:看笑话报的时候,我情不自禁地笑了起来。

生:拔乳牙的时候,我情不自禁地"啊"一声大叫起来。

问题的表述是特指还是泛指、直接还是迂回,其背后涉及一个更为根本的问题,即教师的表述本身也是有伯恩斯坦意义上所谓精致与局限之分的,B校教师的表述显然是一种更依赖于情境的索引性表述,在教师的前提假设中,学生清楚知晓自己的思路,教师只需不停地抛出自己的问题,学生便会明白教师的任何一个表情、任何一次停顿,甚至明白教师背后的提问意图,教师自己的问题就是学生的问题。然而教师没有清晰地意识到自己与学生之间的界限与不同,因此教师不会考虑问题用词的精确性和限定性,甚至在设计教学环节时都不会考虑到师生身高的差异。显然在课堂的情境中,学生和教师之间不具备足够的默契,索引性表达所需要的前提条件并不具备。而在A校教师身上,我们看到了一种截然相反的表达方式,一种与索引性表述不同的科学化表达,这种表达假设学生并不了解教师的意图,所以教师想尽办法给出精确的限定化的用词,并且把自己的意图通过直接的语词、板书、示范、展示、评价等一一呈现,限定学生的回答,让学生逐渐接近教师的意图。

(二) 知识习得的结构:分析与叙述

我们通过教师在课堂中的问题表述方式和过程本身,可以看到教师遵循的是限定性的明确表达还是宽泛性的含混表达,由此可以看出这两种表达背后所遵循的不同假设和原则:限定性表达遵循着科学化、效率化的原则,而含

第三章
水平与垂直:教学过程的差异架构

混性表达遵循着索引性、情境性原则。那么除了问题的表述形式,问题的内容设置也涉及知识组织的结构,通过问题的内容,即设置什么样的问题,我们可以探寻课堂知识是按什么规则组织在一起的,知识组织的深层结构是什么。

如果把问题按内容来分,大致可以分成两大类:一类是注重抽象概括和深层探索的问题,比如询问学生"想到了什么""明白了什么""读懂了什么""发现了什么""心情怎么样"等;一类是注重具体形象和表层链接的问题,比如询问学生"看到了什么""注意到了什么""读到了什么""找到了什么"等。让我们来看看两所学校的教师在问题内容设计上的类型差异。

1. 想到与看到

我们注意到,A校教师更多侧重于问学生"想到了什么"等抽象性的问题,有时甚至教师也呈现自己想到的问题。而B校教师更多侧重于"看到了什么"等具体性问题。

(A校,《咏华山》,一年级)

师:今天我们来学习一篇新的课文《咏华山》。(学生一起读课文题目,教师展示课文中的诗,让学生齐读)

师:虽然没有拼音,但是小朋友们把每个字音都读准了。那读完这首诗,大家有什么问题想问吗?

生:这首诗是谁写的?

生:这首诗是什么意思?

师:嗯,这首诗的意思是什么。老师还有一个问题,为什么要写这首诗?请大家轻轻打开书,第137页。

A校教师在新授课的导入中,通过让学生提出问题,自己提出问题,一个问题比一个问题深入,从而组织起整篇课文的关注焦点和重心;而B校教师在课文的导入时,以不断地追问学生"看到了什么?"来组织教学内容。

(B校,《咏华山》,一年级)

师:嗯,带了感情在里面。(小声)小朋友们读了这样一段话,你们都看到了什么呀?(提高音量)读了这段文字,你仿佛能看到什么?(点名)

生：我看到火红的太阳。

师：看到什么？（学生的声音有点小，教师再一次重复了问题，从学生的反应来看，教师应该是希望学生声音能大一点）

生：火红的太阳。（音量稍大）

师：看到火红的太阳怎么样？……（学生似乎不知道怎么回答，于是教师接着补充）太阳离你远吗？

生：不远。

师：不远，那太阳离你？

生：很近。（有零星几个学生回应）

师：站起来说。

生：太阳离你很近。

师：离你？

生：离我很近。

师：对啊，请坐，谁再来说说看，还看到了什么？（点名）

生：我看到了白云，（顿了顿之后补充）朵朵白云。

师：白云怎么样？

生：在山腰间飘着。

师：哦，在山腰间飘着，是不是啊？好，我们刚才说了太阳和白云，那我们就来读读课文里面写太阳和白云的这句话。"太阳显得那么近"，预备起。

在另一篇《小松鼠找花生果》的课文中，我们也注意到了同样的现象，A校教师围绕心情的变化来组织教学内容，通过学生的朗读，不断地追问学生读出了什么感情，让学生体会小松鼠的心情，将孩子的注意力引向了小松鼠内在的心理活动，一个通过体验和思考才能感受到的世界。

（A校，《小松鼠找花生果》，一年级）

师：好，下面我们来看看，森林里都有什么？（展示第一段，点名）

（学生把第一段读了一遍）

师：你觉得她读得怎么样？

第三章
水平与垂直:教学过程的差异架构

生:我觉得,××把"真好看"的"真"读得很好。

师:好在哪里呢?

生:我觉得她读出了感情。

师:读出了什么感情呢?要说清楚。

生:读出了,小花非常好看。

师:嗯……

生:××把"许多花生"的"许多"读得很好。

同样的内容,B校教师因为将问题设计成"看到了什么?"所以将学生注意的焦点引向了别处,一个透过眼睛可以看到的彩色世界。

(B校,《小松鼠找花生果》,一年级)

师:小朋友们自己读一读第140页的第一小节,说一说在这个树林里,看到了什么?

(学生读书)

师:×××。(直接点名)

生:看到绿油油的叶子、黄灿灿的小花。

师:看到了花生的叶子,是什么样的啊?

生:是绿油油的。

师:小朋友们,什么叫作"绿油油"啊?(点名)

生:是绿色的。

师:那直接叫"绿色"就好了,为什么要说"绿油油"呢?(点名)

生:嗯……就是感觉……绿得非常舒服。

师:绿得非常舒服?绿得怎么样?(点名)

生:绿得非常清。

师:绿得非常清?"绿油油"啊,这个颜色绿得像什么一样,你说?(指身边的一个学生)

生:那个……那个叶子的样子,让人想起……那个……那个非常美丽。

师:我们一起来读一读这个词——"绿油油"。

（学生齐读）

师：绿油油的，绿得像什么一样啊？你说。

生：绿得像我们家里煮菜的那个油。

师：油得已经发亮了，对不对？绿色就已经像冒出了油光似的，非常的亮，就叫绿油油。我们一起再读一读这个词。（教师领读两遍）

师：生活中你见过哪些东西是绿油油的？（点名）

生：树叶。

师：树叶，是吧。你说。

生：草。

师：小草。你说。

生：大树。

师：大树的叶子是绿油油的，是吧，尤其是我们夏天大树的叶子特别的绿。小朋友们看一看，（展示图片并提问）这儿是绿油油的……

师：这些东西都是绿油油的，大自然到处都有绿色。谁再来读这个词儿？（老师点名让三个学生读）我们一起来读。

师：在这片树林里，花又是什么颜色的？（点名）

生：黄灿灿。

师：话说完整。

生：花是黄灿灿的。

师：喔，花是黄灿灿的。那什么颜色叫黄灿灿呢？

师：生活中有什么东西是黄灿灿的呢？你说。

生：太阳。

师：太阳是金灿灿的。还有呢？你说。

生：就是……用黄金做成的珍珠。

师：黄金怎么能做成珍珠呢？珍珠是珍珠，黄金是黄金。

生：就是那种项链。（学生用手在脖子上比画了一圈）

师：哦，你说项链，那还是上面的黄金让你觉得金灿灿的，是不

是啊?还有什么是黄灿灿的?(点名)

生:就是路边的那种小花。

师:小野花,什么颜色的小野花?

生:嗯……金……嗯……黄色的。

师:嗯,黄色的小野花。(下面有学生说"太阳花")春天的太阳花是黄灿灿的,还有春天的迎春花也是黄灿灿的。(教师边展示图片边说,学生也跟着随声附和)我们一起美美地读读这个词儿。

师:黄灿灿和绿油油,都是ABB式的词语,对不对?(学生齐声回答"对")除了这两个词,你还知道哪些表示颜色的ABB式的词语?你说。

生:粉嘟嘟。

师:粉嘟嘟。你说。

生:蓝湛湛。

师:蓝湛湛的天空。你说。

生:白茫茫。

师:白茫茫下大雪的样子。(点名)

生:金灿灿。

师:跟它("黄灿灿")相似的意思。(点名)

生:红彤彤。

师:太阳是红彤彤的,小朋友的脸也是红彤彤的。还有呢?(点名)

生:黄乎乎。(教师直接点名)

生:碧澄澄。

师:我们知道的关于颜色的ABB式的词语真多。还有的小朋友,现在因为时间的关系,就不一一说了。我们来看这片树林,花生长着绿油油的……(学生说"叶子"),黄灿灿的……("小花")。长得多好看啊,谁能把花生的好看读出来啊?(点名)

师:你很喜欢这片树林?(点名)

（学生回答）

师：嗯，看来女生都很喜欢，男生？（点名）

（学生回答）

因为问题内容设计的不同，教育所传递的知识在内在结构上出现了截然不同的样貌。同样的课文内容，不同教师关注的焦点并不一样：A校教师更注重内在的体验，以及这种体验的变化，围绕着课文内容层层递进，让学生体验主人公的心情；而B校教师更注重外在的感觉，重在对字词的理解上，最后将重心落实在ABB结构的词汇学习上，已经完全游离出课文内容的线索，在课文的内容之外形成了另一条线索。

2. 读懂与读到

知识组织原则上的抽象与具体，不仅体现在教师是否有意识地去引导学生"去想"，或是"去看"，而且还体现在教师是引导学生去"读懂"课文内容，建立与法定知识之间的深层链接，还是去"找到"课文内容，建立与法定知识之间的表层链接。

（A校，《小松鼠找花生果》，一年级）

师：小松鼠看到这些，它产生了什么问题呢？（展示图片，小松鼠头上一个问号）

生："这是什么呀？"

师：我们请女生读小松鼠的话，男生读蚯蚓的话，老师来读旁白，我们来把这段读一下。

师：小松鼠知道了，原来这是花生。那这时小松鼠在想什么呢？

生：它想，"等花生结了果，我就去摘下来，留着冬天吃"。

师：嗯，等花生结了果，就去摘下来，冬天就有吃的了。那这时候小松鼠的心情怎么样呢？

生：很高兴。

师：小松鼠是这样想的，那结果是不是这样的呢？它又是怎么做的呢？（展示下一小节的第一句话，请学生读）

师：读了这个小节，你读懂了什么？

生：我读懂了小松鼠想花生快点结果。

师：小松鼠希望花生能快点结果，那你读出了小松鼠什么样的心情呢？

生：激动。

生：着急。

师：嗯，小松鼠心里很激动，带着着急、焦急的心情。还读出了什么心情？

生：不耐烦。

师：不对，没有不耐烦啊，它每天都去看，是很有耐心的，对不对？还有什么？

生：迫不及待。

师：嗯，对，迫不及待。

生：渴望。

生：盼望。

师：嗯。很渴望，很期待。太了不起了，你们三位小朋友下课了到我这里来盖章。

A校教师引导学生去读懂小松鼠的心情，从而展开追问，小松鼠的心情通过学生的概括和表述得以呈现；在B校教师的问题设计中，更侧重于从课文中读到的内容，比如：小松鼠问了谁？是怎么问的蚯蚓？虽然也引导学生体会小松鼠的心情，但是小松鼠的心情以及心情变化不是教师引导的主线，而是为了引出课文中所讲的小松鼠出现这种心情的原因。

(B校，《小松鼠找花生果》，一年级)

师：小松鼠刚到这儿的时候知不知道这是花生啊？

生：不知道。

师：那它是问的谁啊？

生：蚯蚓。

师：那它是怎么问蚯蚓的啊？谁来说说看？(点名)

(先请单个学生读小松鼠和蚯蚓的话，然后请学生表演，教师点

名指定谁做小松鼠、谁做蚯蚓。然后让学生做小松鼠,教师做蚯蚓,再交换读两句对话)

师:听了蚯蚓的话,如果你是小松鼠,你的心情怎么样?

生:很高兴。

师:为什么啊?

生:因为,等到冬天的时候,我就有食物吃。之后,还没到冬天的时候,先准备把食物找到,就是找到了放在自己的洞里,等到冬天的时候就不用再出去找东西了。

师:哦,你就想到了冬天,为冬天准备好食物了,是不是啊?

生:我发现我很高兴,就是因为……我肚子饿……如果冬天我肚子饿的时候……就没有东西吃……就没有东西吃,而且外面非常冷,我一出去就会被冻着。

师:所以我现在……

生:现在准备好……准备好,等到冬天的时候,好过冬吃。

师:哦,所以它知道这儿有一片花生地,它就非常的高兴。小松鼠也有这样的愿望,它觉得这儿有花生它就可以把它们都摘下来,然后可以留到冬天吃(学生附和"冬天吃"),可高兴了。谁来读一读?读出这种高兴。(点名)

师:这边还有同学想表现,谁来读一读?(点名)

师:这是一个充满期待的小松鼠。×××,你来读一读。

师:我们一起来读出这只小松鼠内心的高兴和期待。它想……(教师领读)

师:小松鼠看到这么一大片的花生地,想到自己冬天的时候能摘好多好多的花生,可以招待亲朋好友吃,可以炒着吃,可以把它们做成花生糖吃,还可以把它们做成花生饼吃,它越想啊心里就越高兴。我们再来读一读。(教师领读)

……

3. 方法与内容

内容组织的抽象原则和具体原则的差异更深刻地表现在两校教师对于

第三章
水平与垂直：教学过程的差异架构

学习方法的提炼与重视上，学生习得抽象的方法还是习得具体的内容，直接决定了所习得知识的品质。除了上述两篇课文的学习，我们注意到不管是涉及拼音等基础知识的掌握还是涉及数学运算等，两校教师对于方法的重视程度都存在差异。

（A 校，"un ün"，一年级）

师：小朋友们，今天我们还要来学习两个鼻韵母，先来复习我们之前学习过的三个鼻韵母。（教师展示字母卡片，学生齐读 an）首个字母提醒我们发音的口型，鼻音小尾巴告诉我们舌尖向上，鼻子出气。（带领学生齐读两遍，展示第二张卡片）扁扁嘴巴，（学生齐读 en）上下牙齿对对齐（学生齐读 in）。好的，我们再来复习，我们今天会碰到两个单韵母，（展示卡片 u，学生齐读）注意把嘴巴拢圆，不是翘起来的，跟老师发（发音，即读）u。（展示卡片 ü）请×××来读一读，站起来读。

生 1：ü。

师：很好！你来发。

生 2：ü。

师：好的，全班一起发。

（全班齐读）

…………

师：这就是我们学的第一个鼻韵母。（教师把手中的卡片贴在黑板上）第二个陈老师不教了，看谁能根据我教的方法把它读出来。（学生自己读）×××来发。

生 7：ün。

师：非常好！他摆的是 ü 的口型，舌头向上鼻子出气。

…………

师：我们有一个口诀，来一起读。（教师出示口诀）

生（齐）：j、q、x 小淘气，遇到 ü 点就挖去。

师：非常好，所以我们的 ün 跟 j、q、x 相拼组成的音节就变成了

没有 ü 点的音节。

A 校教师概括了韵母发音的口型特点"舌尖向上,鼻子出气""扁扁嘴巴""牙齿对对齐""嘴巴拢圆",并且不断地提醒学生,同时还教了一个口诀"j、q、x 小淘气,遇到 ü 点就挖去",帮助孩子们总结规律,掌握发音和拼写的要点。这些方法和规律的提炼总结、提醒强调在 B 校的教学中显得相对薄弱,经常被一笔带过。

(B 校,"un ün",一年级)

师:这个(教师指着"zen"),读得太后了,舌头顶着前面,zen。

(教师示范)

(教师带学生齐读两遍)

师:你来拼。

生:zeng。

师:zen。

生:zeng。

师:舌头顶在前面,zen。

生:zeng。

师:zen。

生:zeng。

师:嗯,自己改过来了。你来。

....

师:ün 是什么呀?

生:是韵母。

师:ün 是韵母,当我们在韵母 ün 的前面加上一个 y 的时候,发生了什么变化?(幻灯片上展示"y+ün=yun")发生了什么变化?先看发生了什么变化?有的小朋友还不知道啊,有的人没有在看我。

生:加上 y 了,ün 上面的两个点点给去掉了。

师:嗯,对,ün 在遇到 y 的时候要把 ü 的点点给……(学生答"去

掉")还有在遇到哪些声母的时候 ü 也要把点给去掉？一起说。

生(齐)：j、q、x。

师：对，还有 j、q、x。但是啊，ün 跟 y 在一起的时候，它的读音是不变的，仍然读 ün。它是一个……

…………

师：好，那么当 ün 和声母找朋友，(展示 j 和 ün)j 和 ün 在一起，我们先来回忆回忆，要注意什么？要注意什么？j 和 ün 在一起组成音节要注意什么？

生：ü 点要擦掉。

师：要把 ü 点给去掉。(不少学生回应"去掉")

师：好，谁来拼一拼？

生：我来拼一拼。(只有一个学生大声地回应)

(教师请学生拼读，接着展示 q 和 ü、x 和 ü)

师：当 ün 和 q 在一起的时候还要注意什么？

(学生纷纷自发回答，教室比较吵，很难听清楚学生的声音)

师：对，要把 ü 的点点去掉，同样的，ün 和 x 在一起的时候也要把 ü 的点点给去掉。

B校教师在让学生读前、后鼻音时也提醒学生舌头的位置，但是方法的概括过于模糊，"读得太后了，舌头顶着前面""舌头顶在前面"，说明教师也会注意发音的规则，但是没有自觉地概括出适合低年级学生的容易记忆的规律或让低年级学生清楚明白的发音规则。教师在反复地引导学生当 j、q、x 遇到 ü 的时候要注意什么，并分别举了许多具体的例子让学生练习，但是最终也没有概括一个类似的小口诀，方便学生规律性地记住。这说明B校教师对于学习方法的概括能力要弱于A校的教师，这不仅体现在语文教学中，也体现在数学的教学中。

(A校，"竖式计算"，一年级)

师：通过小棒摆，用计数器拨，我们已经知道了答案是多少，50

(学生附和)。那我们现在来试一试用竖式怎么计算。上一节课我们已经学过了竖式计算,赵老师编了四句顺口溜,讲了竖式计算要注意的地方。谁还记得?

(复习竖式计算的口诀)

生:数位对齐……

师:声音响亮,我来记下。(学生说,教师板书)

生:数位对齐,个位算起,直尺画线,横式得数。

…………

师:意思明白没有?就是把这个进位来的1给丢掉了。所以进位的1能不能少?

生:不能。

师:不能。所以为了让大家记住这一点,今天这个顺口溜啊,不再是四句了。又加了一句,加了一句什么?

生:……

师:就是,满——十——进——一。

在相同内容的讲授中,B校教师在讲授的过程中也涉及一些方法,但都没有有意识地总结成规律,专门提炼出方法加以强调并提醒。

(B校,"竖式计算",一年级)

师:小朋友们都会了,老师要给你们增加难度了。(幻灯片展示"43-27=")

生:个位上3减7不够减,向4借1。

师:就是4退1作……

生:退1作1个10。

师:退1作10,10加上个位的3,是……

生:13,再减7等于6。十位上……

师:哪个同学说一说,用竖式计算要注意些什么?

生:哥哥和哥哥对齐,弟弟和弟弟对齐。

师:那用数学语言怎么说呢?个位……

生:个位和个位对齐,十位和十位对齐。

师:嗯,首先是要对齐。

生:个位上不够减,要向十位借1。

师:那十位上退1作10,是不是? 退1作几?(教师发现学生似乎没有很认真,所以又说了一遍)

生:10。(学生应和)

生:还有不要忘记点上一个小点,用来提醒你自己。

生:个位上满10就要向十位进1,不然就会写错。

生:这是加法。(一个学生大声提醒)

除了在正式课程的学习中A校教师比较注重方法的教学外,在校本课程的学习中,教师对于方法的重视和提炼更是贯穿始终。以A校的校本课程阅读课为例,教师在讲授过程中提炼写诗的方法,鼓励孩子们展开想象,并训练孩子们模仿大师的方法展开思考。

(A校,校本课程《诗歌》,二年级)

师:好,还没有完,我们先停在这儿。同学们,读到这儿你有什么疑问吗?(点名)

生:大衣没有脚怎么能走路呢?

师:嗯,你有疑问。你说,把你刚才的感受用一个词形容。

生:太奇怪了。

师:太奇怪了。你说。

生:我觉得很害怕,要是有个鬼怎么办?

师:哦,你很害怕,要是有个鬼怎么办,(教师笑着说后半句)像个幽灵一样。

师:好了,这到底是怎么回事儿呢? 诗人为什么写这样一个没有手、没有脚的大衣在行走? 到底是怎么回事儿呢? 真的像有的同学说的,像幽灵一样吗?

生:不是!(部分学生回应)

师:我也不知道,我们一起来看一看。(展示诗歌的后半段)

生：哦，原来是小孩子穿着爸爸的大衣在走路。（学生不自觉地就齐声读起来）

师：哎，你在笑，你起来说一说。你觉得这首诗写得怎么样？

生：太搞笑了。

师：太搞笑了。这种小朋友穿着大人衣服的事情，你们有没有见过？

生：见过。（部分学生回应）

师：见过，我们见过很多次。

生：我还穿过我爸爸的衣服呢！（一个学生回应老师）

师：你就穿过。那你有没有想过把它写成一首诗呢？

生：没有。

师：哎呀，看，我们错过了多么好的写作资源呀。原来我们每个人都有机会，曾有机会成为一个像他一样鼎鼎有名的大诗人，问题出在哪儿呀？

生：没有想到。

师：没有想到，没有写下来。贾尼·罗大里啊，特别有意思，他不但喜欢观察这些平常看起来特别普通的事情，而且呢，他还像孩子一样，特别喜欢自言自语。有一天呀，他就在家里，这样自言自语地说起来，"我好像缺点什么东西，哦，我缺一张写字的桌子"。那做一张桌子需要什么呢？小朋友们。

生：需要木头。（一些学生回应）

师：嗯，对，需要木头，可是他现在没有木头。那就继续自言自语喽，要有木头，需要……要有木头需要什么呢？

生：斧头。（一个学生带头，其他学生都说起斧头）

师：有斧头就有木头了吗？

生：不对……（学生开始讨论起来）

生：需要大树。（一个学生的声音脱颖而出）

师：哦，木头来自于大树，是吧？有了大树就有了木头。需

　　要——大树,(展示幻灯片)果然被你们猜中了。那我们接着他的思路,我们也来自言自语一下,要有大树……

生:要有种子。(很多学生都说种子)

师:哦,要有大树,要先有种子。(展示幻灯片)

生:没有种子,去街上买。(一个学生立即反应)

师:要有种子,怎么办?

(不少学生说去街上买)

师:要去街上买,我不去街上买,有没有?

生:有!(一个学生很坚定地说,其他人附和)

生:可以去路上捡。

师:种子来自哪里呀?(学生自己讨论起来)

生:树上。

生:果实。

师:哦,果实里面……要有种子先要有果实,确实,比如说我们吃的苹果里有没有种子呀?

生(齐):有。

生:西瓜也有。

师:对呀,要有果实,比如说苹果,需要果实,要怎么办?

生:买。

生:需要大树。

师:哎哟,不能回头了,前面是不能重复的。什么结出果子?

生:苹果树。

生:花。(有几个人说到)

师:苹果树上面的什么结出果子呀?×××,你来说。(刚刚说"花"的其中一个女生)

生:花。

师:哎呀,要有果实,需要花朵。(展示幻灯片)你看,花儿谢了之后,果子才怎么样呀?("出来")哎,花谢了之后,果子才长出来。是不是呀?这个花儿呀,很好找,于是罗大里呀就自言自语地说,"噢,原来如此,做一张桌子,需要——花一朵"。

师:在木匠的世界里,做一张桌子需要木头、钉子之类的,但是在诗人的眼里,做一张桌子只需要——花一朵,奇妙不奇妙?

生(齐):奇妙。

师:我们也来想一想做一个什么东西需要什么。

师:老师这里呀有一条丝巾(拿出一条丝巾),可是一条太少了,我也想做出来一条这么漂亮的丝巾。你们想一想做一条丝巾需要什么?

…………

由于 B 校没有校本课程,我们没有相同类型的教学内容比较,但是在有与无之间,这样的差异和缺失变得更加显而易见。在正式的法定课程中与非正式的校本课程中,A 校教师都有意识地注重方法的传授,教材内容仅是知识探索的载体,并且注重分析,其背后所呈现的知识的抽象规则和学习方法才是习得的目标。伯恩斯坦在界定局限编码时再三强调,局限编码不是一种语言的缺陷,而仅仅表现为一种思维的限制性在语言上的体现,它体现为具体化、生活化、日常化地表述,当事者的思考模式呈现情境取向的特性是因为其理解方式是密切连接过去的经验,他们一旦遇到超脱已有经验的内容便遭遇理解的困境。而精致编码则相反,它基于一种开放性的双向对话,因此当事者必须重组语汇进行解释,之所以能发展出精致编码,是因为当事者明了事物间的原理法则,并根据这些法则进行思考和表达,而并非基于已有的经验。[①] 因此,抽象能力的培养对学生从局限编码发展为精致编码至关重要。

(三) 教学组织的进程:聚焦与松散

在我们所选取的三个相同主题的语文课《小松鼠找花生果》《咏华山》以

---

① Bernstein B. *Pedagogy Symbolic Control and Identity*:*Theory*,*Research*,*Critique*[M]. London:Taylor& Francis,1996.

第三章
水平与垂直：教学过程的差异架构

及关于鼻韵母学习的课堂实录中，仅就课堂实录中师生论述的字数统计来看，B 校课堂上教师与学生说得更多，其语言量是 A 校的两倍多，三堂课总的表述字数 A 校只有 B 校的 44.6%，其中学习《咏华山》的这堂课，A、B 两校课堂语言的字数比竟然达到了 1∶3。换言之，A 校师生在同样的 40 分钟时间内，只用了 B 校师生三分之一的话语表述就完成了整堂课的讲授与学习。除了上文述及的问题论述与知识习得的差异外，在教学进程上紧凑与否，也是导致话语量差异的主要原因。A 校的教学进程紧凑聚焦，环环相扣，没有废话，也没有多余的、不明意图的内容穿插在教学中；而在 B 校的教学中，经常会发现教师陷入临时的教学情境中无法抽离，导致教学线索的中断或主题的跑偏，课堂进程显得琐碎而松散。

1. 递进与平铺

聚焦与松散首先体现在教学环节的层层递进与平铺直叙上，比如在《小松鼠找花生果》的教学中，A 校教师通过几个环环相扣的问题，将小松鼠对于花生长在何处的误解直接推进到还有哪些作物跟花生有着相似的特点。

(A 校，《小松鼠找花生果》，一年级)

师：那花生果被谁摘走了呢？（点名）

生：谁也没有摘，花生果全都在泥土里呢。（课文原文）

师：那是谁告诉小松鼠的呢？

生（齐）：蚯蚓。（教师展示下一段，让学生读）

师：小松鼠原来以为花生长在哪儿啊？

生：叶子上。（教师展示了一幅图片：两片叶子上夹着一颗花生）

师：在叶子上……他以为是小花落了，花生就长在茎叶上。那小朋友们现在能不能帮小松鼠解决这个问题了，花生是长在什么地方的？

生：地里，泥土里。

师：（展示一个填空）花生不是＿＿＿＿＿＿而是＿＿＿＿＿＿。

师：小朋友们，你们知道还有什么是长在泥土里的？

生：土豆、马铃薯、地瓜、萝卜、慈姑、红薯、田七。

师：说的都不错，老师也找到了一些。（图片展示）

B校教师在处理相同内容时却能从"是谁告诉了小松鼠花生果长在泥土里"而牵引扩展到蚯蚓是个什么样的动物,继而让学生们开始讨论起蚯蚓的品德,并从"摘"花生摘不到过渡到如何挖花生的探讨上。

(B校,《小松鼠找花生果》,一年级)

师:那花生果被谁摘走了呢?谁也……(教师把声音拉长,等待小朋友回答)

生:谁也没有摘。(学生齐声应和)

师:一起读。

师:这话谁说的啊?

生:小蚯蚓。

师:哦,原来小松鼠自己的话被小蚯蚓听到了。蚯蚓为什么会知道花生果在泥土里啊?

生:因为蚯蚓天天在土里,他当然知道了。

师:哦,因为他在地下生活。你说。

生:因为泥土是蚯蚓的家。

师:是啊,他天天在泥土里穿行,他能看到在泥土里的花生,是不是呀?那你觉得这条蚯蚓怎么样啊?(点名)

生:很聪明。

师:很聪明,他天天看……你看,他听到了小松鼠自己跟自己说的话,他就去帮小松鼠解答了,你觉得这是一条怎样的蚯蚓?(点名)

生:我觉得……嗯……我觉得他在别人遇到困难时,他就会帮忙。

师:很热心帮助别人的蚯蚓。(点名)

生:善良。

师:是一条善良的蚯蚓。你说。

生:是一条乐于帮助(别人)的蚯蚓。

师:乐于助人的蚯蚓。这个词用得好。那你来读读看这只蚯蚓说的话,一条乐于助人的蚯蚓,××,你来读读看。

师:原来呀,花生果全在泥土里面。想看看花生果生长的过

程吗?

生(齐):想!

(教师边展示边解释)

师:小朋友们,你们看,花生果都长在泥土里,小松鼠想把它摘下来,能摘得到吗?

生:摘不到。

师:"摘"这个词都怎么用啊?

(有学生手臂平放,做了一个摘的动作)

师:是这样摘的。谁还能再学学?

(一个学生演示手臂向上做摘的动作)

师:从上面能看得到的地方摘,而现在花生都在土里面,我们看不看得到?

生(齐):看不到。

师:那能不能用"摘"? 摘不摘得到?

生:摘不到。

师:那我们应该用什么方法?

生:挖,挖。(有个别学生回应)

师:一起说。

生:挖。(教师在黑板上板书"挖")

师:对,要去挖。

生:还可以拔。

师:可以拔吗?

(一个学生突然说可以拔,教师发出疑问之后,班级里的小朋友都讨论了起来)

师:拔可能会拔断了,所以,还是要带一个铲子去挖,这个办法还是最好的。

(这时候,第一个提出可以拔的学生转过头跟身边的同学说,"我拔过的,一拔就拔起来了",边说还边做拔的动作)

A校师生从小松鼠对花生果的误解开始,将花生果长在土里的特征推广到具有相似特征的作物上,不仅学生讲出已知的知识,教师也做出了另外的补充,在教学的进程上可以明显地感受到层层深入的知识演进。而在 B 校师生对内容的展开和探讨中,同样从小松鼠对花生果的误解开始,其教学的进程却横向铺陈开去:一是延伸到探讨解除小松鼠误解的蚯蚓的品质,二是延伸去探讨如何挖花生果。这两个知识内容的展开并没有按照递进规则,我们看不到知识结构的梯度,感受不到知识背后的逻辑,所铺陈开的内容与小松鼠对花生果误解的内容之间更像是一种横向平行的关系,而非纵向递进的关系。

2. 连续与断裂

从内容上看,A 校的教学进程体现出纵向深入的特点,而 B 校的则体现出横向平行的特点。从形式上来看,A 校的教学进程形成一条连续的序列,有始有终,有头有尾,中间不可随意停顿、穿插,内容的顺序也不可随意变换,前与后已然确定,在教师之外,有一个更为确定强大的知识秩序在左右着教学的进程,教师被牵着往前走,不能停下也不能回头;而 B 校的教学进程在形式上呈现断裂的样态,可以随时增加内容,随意更改内容的前后位置,教师对课程内容的处理更为自主和随意,教师之外的知识的秩序隐而不见,教师可以随时停下来,就教师认为重要的知识进行传授。

(B 校,《咏华山》,一年级)

师:下面我们看看寇准的这首诗,他只用了这短短的几句话,就把华山的这种高,还有华山的美,给写出来了。非常的棒。而且他当时只有几岁啊?

生(齐):七岁。

师:难怪老师会对他点头……

生:称赞。

师:什么叫作称赞?(点名)

生:就比如说我字写得很好了,老师夸奖我,就是称赞。

师:就是夸奖的意思,还有吗?什么叫作称赞?(点名)

生:就是表扬。

师:对,就是表扬的意思。你有没有被别人称赞过?(点名)

第三章
水平与垂直：教学过程的差异架构

生：就是……上次学科竞赛，我得了100分，爸爸表扬了我。

师：就是称赞你了，是不是？你说。

生：我学游泳……有一次我想学游泳，然后我爸爸……我让我爸爸带我去报游泳班，然后爸爸就说我很棒。

师：就是表扬你，称赞你，是不是？你说说看，什么时候得到过称赞？

生：就是我在幼儿园，参加比赛，得了冠军，然后我爸爸就夸奖我。

师：嗯，爸爸也称赞你，是吧？你们看，做得好的时候就会得到别人的称赞。（不少学生大声回应说"夸奖"）刚才啊，你们通过读书，读懂了诗，非常棒，这就是陈老师对你们的称赞。寇准写这首诗的时候只有七岁。和你们差不多大，你们能不能用一句话来称赞称赞他呢？（点名）

生：你真棒。

师：嗯，你真棒。把话说完整。（点名，然后提醒学生说"寇准"）

生：寇准你才七岁，就这么了不起了。

师：是的，你也觉得他很了不起。先生也觉得他棒，所以对他点头称赞，而且还连说……

生："好诗！好诗！"

师：看陈老师用红色标出的这个标点符号

生（齐）：感叹号。

师：感叹号，表达的是人的一种感情，"好诗！好诗！"是一种赞美。×××来读一读。

师：配上动作再来读一读，先生是边夸奖边点头。（点名）

师：我刚刚看到你想把手背到后面去，是不是啊？没关系，大胆地表现。（刚刚是一个小男生，坐在作为观察者的我旁边，上课很积极读书、回答问题，但是看起来有点腼腆。我第一天过来的时候也是坐在他的旁边，他看着我，似乎想跟我说什么，却始终没有开口，总有点不好意思）谁再来读一读？（点名）

（一个男生站起来,边读边做动作,点头的幅度特别大,同学们都笑了,他读完之后自己也很不好意思地捂着嘴笑起来）

B校教师在帮学生理解"称赞"这个词时,中断了课文内容的推进,停下来组织学生进行讨论,由此展开了学生生活经验与"称赞"这个词的连接,这样的讨论究竟有何深层的用意？它与课文内容的展开之间究竟是一种怎样的逻辑关系？这些问题都很难得到一个明确且合理的解释,在与A校教师的比较中也许更能看出这样的断裂。

（A校,《咏华山》,一年级）

师：先生听到这首诗,是怎么说的？

生：好诗,好诗。先生连连点头称赞。

（教师展示这一小节）

师：我请一个小朋友当那个先生,来表演一下。

生：好诗,好诗。（只是说,没有动作）

师：没有把动作表演出来,先生是连连点头称赞"好诗！好诗！"

（教师边说边做轻微点头的动作）

生：好诗,好诗。（动作和表情都很到位）

师：嗯,很好,动作和表情表演得很好。

如果说"称赞"一词,在B校教师的判断中其对于低年级学生存有理解上的困难,因此教师专门停下来进行语词意义的探讨还情有可原的话,那么就"什么叫每天"提出问题,并加入关于"每"的组词和"每天都在干什么"的讨论,除了将此理解成一种人为的断裂外,找不到其他合理的解释了。

（B校,《小松鼠找花生果》,一年级）

师：嗯,他心里可高兴了,那他又是怎么做的呢？谁来说说看？

（点名）

（学生读课文句子）

师：小朋友,什么叫每天啊？（点名）

生：就……就是天天他都去看花生果。

第三章
水平与垂直：教学过程的差异架构

师：他第一天一路小跑来到花生地里，看看花生结了没。第二天，（"又来了"，学生说）又来看看，第三天，（"还来"，学生说）还来看看。他今天来，明天来，后天来，再后天还来，一天一天接着，就叫作每天。小朋友们看看，这儿的"每"字是一个上下结构的字，下面这个部分是我们今天新学的这个……

生（齐）："母"字底。

师：真棒！老师请几个"小老师"带着大家读读这个字。

生："母"字底。

师：你能不能给"每"字找朋友啊。

生：每天。

师：除了"每天"。你说。（点名）

生：每日。

师：就是每天的意思。你说。

生：每月。

师：每月，还有吗？你说。

生：美好。

师：是这个"每"吗？

生：不是。（其他学生齐声说）

师：你说。

生：每年。

师：每，每天，我每天都看书。你呢？你每天都干什么？（点名）

生：我每天都写字。

师：每天都写字啊。你说。（点名）

生：我也是。

师：用自己的话说，用"每天"说一句话啊。

生：每天吃早饭。

师：谁每天吃早饭？

生：我每天吃早饭。

（师点名）

111

生：我每天都刨笔。

生：我每天都看书。

师：都看课外书，很棒。手放下。你们每天做这些事，小松鼠每天干什么啊？

生：到花生地里去。（学生自发地说）

师：你说，小松鼠每天都干什么？

生：每天都到花生地里去看花生结果了没。

师：他每天都到花生地里去，还要看花生结果了没。第一天小松鼠跑到花生地里去看，花生结果了没？

生：没有。

师：第二天呢？

生：没有。

师：他又去看了，没有结果。到了第三天呢？

生：没有。

师：他又去看了，到了第十天，他还是会跑到花生地里去看，日复一日。小松鼠每天去花生地里找花生果。每次去的时候他会想什么啊？（点名）

生：他会想怎么每天都没结果。

师：他在去的路上会想些什么？

生：这天，今天应该结果了吧。

师：今天肯定能看到它结果了。你说。

生：为什么每天去花生地里都看不到花生果？

师：去的路上，他会想什么呀？去的路上，他以为花生结果了没有？

生：结了。（学生回应）

师：结了，那这个时候他会想什么啊？（点名）

生：他会想，花生结果了，我马上就可以摘到花生了。

师：就能吃到香香脆脆的花生了，是不是？（点名）

生：小松鼠会很高兴，马上就能吃到美味的花生了。

师：心里很高兴，充满了期待。那他每天回去的时候会想什么？

第三章
水平与垂直：教学过程的差异架构

他每天都会去,去的时候充满期待,走的时候他会想什么?你说。

生:怎么花生还没有结果呀?

师:嗯。是的呀,小松鼠感到很奇怪。(点名)

生:希望这些花生快点结果。

生:就是全都落光了,都没有,一个(朵)花都没看着。

师:花儿都落光了,还看不看得到花儿?(一个学生回答"看不到")全部的花儿都落下来,才叫落光了。对不对?那现在小松鼠心里怎么样?还很高兴吗?

生:不高兴。(几个学生回应)

师:还很期待吗?你觉得他心里怎么样?你说。

生:孤单。

师:孤单?你觉得他没有朋友,是吧?你说。

生:很难过。

师:难过,为什么?他为什么会难过啊?

生:因为他去看了好久,还是没看到花生果。

师:没看到花生果。你说。

生:因为……

师:他心里会怎么样?

生:他心里会很着急。

师:还着急?

生:因为冬天快要到了。

师:哦,他为这个着急。(点名)

生:……

师:他心情怎么样?

生:他心情很难过。

师:很难过。本来是充满了期待,但是现在……

生:他感觉白跑了好多趟。(有学生打断老师)

师:白跑了好多趟,心里面特别失望,是不是啊? 可是……(教

师读课文这一小节,并让学生齐读)

……………

师:他心里啊,非常失望,不仅失望,他还觉得这个现象很……

生:奇怪。(学生应和)

师:奇怪?他奇怪什么呀?(点名)

生:他奇怪,他跑了这么多天,花生应该会结果了,为什么等了这么久都没结果呢?

在这一段看似连续而不间断的师生对话中,如果拿走其中的一些对话,丝毫不会影响对课文内容展开的教学和理解,比如关于"每天"意义的探讨,关于第一天、第二天干些什么的铺陈,去的路上想什么等,甚至这些内容的加入反而会打断对小松鼠心情变化这一主要线索的展开,也不能让学生把注意力重点集中在对于小松鼠心情变化的体验上。在这一内容上,A校教师是这样展开的:

(A校,《小松鼠找花生果》,一年级)

师:那小朋友,你们是从哪里读出小松鼠的这种心情的呢?

生:每天。

生:都。

师:嗯,真棒!小松鼠每天都(重读)去看,很期待花生结果。好,那我们读就要把小松鼠的这种心情给读出来。

(学生齐读课文)

师:好。那结果呢?小朋友们一起读一读。

(直到金色的小花都落光了,也没看见一个花生果)

师:小松鼠本来是很期待、很迫不及待的。但是现在他是什么心情呢?

生:奇怪。

师:对,很奇怪,花生怎么还不结果啊?

生:失望。

生:难过。

师:对,很失望,很难过。就像你期待着爸爸妈妈送你生日礼

第三章
水平与垂直：教学过程的差异架构

物,结果到了生日那天,一个生日礼物也没有,你的心情是什么样的啊？

生：很难过。

师：对,小松鼠本来很期待,现在却很失望。课文中,用了"可是"这个词。"可是"表示一种相反的结果。（原文：可是,直到金色的小花都落光了,也没看见一个花生果）

如果说教学所传授的内容是一种知识,那么隐藏于教学内容背后的逻辑结构更是一种知识,前者涉及知识的表层,后者则涉及知识的深层。这样一种深层的知识通过教师传授时的精心设计、层层深入而展开,潜移默化地被传递到学生那,与教师有意识概括和总结的显在的学习方法不同,这是一种习焉而不察的思维能力及习惯的习得,作为一种隐蔽课程对学生发挥不易被觉察却全方位且强有力的影响。

三 教学实践差异化架构中的阶层再制

在学校中,不同背景的孩子之所以有不同的学习表现,事实上是因为他们并未接受相同的学校教育过程,他们所受的教育带领着他们重新走向原来出身的背景。

不管是伯恩斯坦的编码理论还是布迪厄的惯习理论,都倾向于认为学校的法定知识结构是一种理论化、系统化的学术取向的知识形态,更符合优势文化阶层的品位,学校通过文化专断帮助学生延续其优势。法定课程的文本本身可以说的确是一种注重抽象性、系统性、明确性的精致编码的范本,虽然布迪厄指出教育场域中还存在着一种隐性的实践习得方式,而不是只有显在的符号习得[1],但是两者都忽视了学校本身的分化与教师群体的分化。

---

[1] ［法］布尔迪约,帕斯隆.再生产：一种教育系统理论的要点[M].邢克超,译.北京：商务印书馆,2002：131.

如果说处于乡土空间或低地位阶层的学生,其原初的编码方式与学校之间存有距离是一种事实,那么顺利转化自己原初的编码方式,则有赖于学校及教师。如果学校对局限编码的学生提供的是一种精致编码的环境和教学,那么其转化编码方式的可能性就更大。这一前提建立在学校的精致编码环境在教师的教学实践中依然得以维持而不是改变,但事实上我们的确高估了学校之间的这种一致性,或者我们被表面的标准化评价蒙蔽了。在我们调研的两所学校中,就呈现出两种不同的教学实践方式:一种是水平传递,一种是垂直传递。① 这两种传递方式对于学生在学校中实际习得的影响并不相同,原初的编码方式能否顺利转化或延续的可能性也并不相同。

(一) 当局限编码遭遇水平传递

教师呈现出"水平传递"教学架构类型的学校,其学生是以城市低地位群体及进城务工人员子女为主。根据伯恩斯坦已有的编码研究,以及本书第二章对不同地域空间学生的研究发现,受家庭及地域空间的影响,这些学生原初的编码方式与学校之间存有距离,需要学校帮助其完成转化。那么教师以水平传递主导的教学实践能否帮助其顺利完成转化呢?

水平传递在问题表述上偏于含混,不够明确简洁;在知识结构上以叙述为主,偏重具体形象的描述,与教材内容的链接比较直接,缺少抽象的关联;在教学进程上呈现平行的知识点铺陈,缺少梯度式的层层推进,缺乏深层逻辑与方法的提炼,知识点容易陷入孤立和片断化,整体教学进程松散、冗长,且容易断裂,不够连续。总体而言,水平传递呈现一种节状结构,平行铺开,体现一种具象化的、表层且片断化的秩序。当偏重具象、感性、情境化的局限编码遭遇上述水平传递的教学,学生的编码方式不是得以有效的转化,而

---

① 伯恩斯坦在其晚年时,创建了水平话语(horizontal discourse)与垂直话语(vertical discourse)两个概念,为的是区分世俗形态知识与神圣形态知识。水平论述的特征是口语化、地方化以及情境取向;垂直论述具有连续性、明确性、系统性和层级性。(Bernstein B. Vertical and Horizontal Discourse: An Essay[J]. British Journal of Sociology of Education, 1999(2):157-173)伯恩斯坦的水平论述与垂直论述主要用以说明知识形态的差异,这里的水平传递与垂直传递主要用于说明教学实践的差异。

是得到了延续,两者之间的相似性远多于差异性。学生经过学校教育,其编码方式中的限制性条件非但没能得以改变,而且在另一个场域得到了复制。

在强调抽象化、系统化、逻辑化的教育系统中,低地位群体学生在学校中的处境不利,不仅是因为其与学校之间在编码方式及其背后的文化习性、思维习惯存有距离,也是因为学生群体原初的编码方式及其背后的文化习性、思考方式都没能在短时间内在其所处学校中得到有效转化。原初的差距与转化的不利形成双重的钳制,阻碍了学生在教育系统中轻松顺利地获取有利的地位。

(二) 当精致编码遭遇垂直传递

教师呈现出"垂直传递"教学架构类型的学校是一所城市中上阶层群体孩子聚集的学校,学生的原初编码偏向于精致编码:不受情境的限制,表达更具普遍性,注重逻辑性、科学性与系统性。在学校中,教师普遍采用垂直传递架构,教学进程分秒必争、环环相扣、层层递进、紧凑连续、前后一致、目标明确,注重引导学生理解与分析,自觉关注知识结构的抽象原则、知识习得的有效方法、表述语言的准确到位。垂直传递呈现一种倒三角结构,体现一种抽象化的、累积的、渐进的秩序。

拥有精致编码的学生群体不仅能很快适应教师垂直传递的教学实践,而且两者配合默契、相互强化。这样一种垂直传递架构有着极强的层级性,使得学生稍不留神,很可能就会游离在教学之外,因此这种传递对于学生的控制更强,学生在其间的自由发挥空间更少,学生的主体性与自由度远没有水平传递来得高,但是在绩效主义、成就本位的教育系统中,这样一种传递方式无疑更能帮助学生有效地取得优势地位。优势地位群体的孩子在学校中的地位有利,不仅源于其原初编码与教育系统编码的接近或相似,也得益于其所处学校实际的教学实践中所传递的编码方式的进一步强化。这些孩子在家庭与学校两个场域中都能习得现有教育系统所主导的编码方式及其背后的文化习性和智性习惯,既是一种延续,也是一种强化。与弱势群体孩子的双重钳制相反,在这些学生身上形成的双重强化,帮助学生在教育系统中相较于其他群体孩子更轻松顺利地取得优势地位。

(三) 教学架构之外的想象:阶层力量与教师行动

在以往的教育社会学研究中,基于学校课程反映中上阶层文化内涵和价值倾向的判断,有一种"文本重建论"的声音受到关注,尤其是在知识社会学影响下的课程研究,在对课程知识选择中所隐含的"谁"的聚焦中,更是将课程文本批驳得"体无完肤":课程文本充斥着意识形态的植入、优势文化的垄断等等。由此,企图通过课程文本的重建来剥离社会因素的干扰,但是这样的企图颇具乌托邦的色彩,课程文本中如影随形的"谁"一旦被剥离,课程文本本身也就不存在了。①

不可否认,阶层因素的确参与了教育文本的构建,掌握话语权的阶层、拥有文化优势的阶层影响了教育知识的选择与构建,但是这种影响与其说是有意为之,不如说是选择的必然,甚至是一种不谋而合。课程知识如果抛却主流、缺失引领、没有价值立场,那么如何体现"法定"的意涵? 正是因为其仅仅是一种不谋而合,通过课程文本所完成的阶层再制,作用过于间接。就如同在你面前摆了一盘完全符合你饮食习惯与欣赏品味的美食,你吃还是不吃,吃得好还是吃得不好,由许多因素决定:如果那是一盘面条,提供给你的却是一把勺子,你吃得就会很费劲,这种费劲跟食物本身无关,哪怕它再符合你的口味和习惯;如果那天你心情不佳甚至身体不舒服,哪怕美食再诱人,在你嘴里也是食之无味,甚至说不定吃了还会吐掉,不如不吃。阶层因素对于课程知识的选择是一种先在的影响,通过课程知识完成优势文化的传递,其作用力太过间接,就如同家庭或地域对于孩子编码的影响,继而造成学业的影响一样,虽然不可忽视,但也不能高估,我们应该重视更为现实的教学实践和更具能动性的教师实践。让我们尝试把目光移向课程文本之外,关注教学实践

---

① 高水红."旁观者"知识学与"参与者"知识学[J].南京师范大学学报(社会科学版),2008(6):72-82.

或教学法的改变,因为我们需要正视学校与教师之间的差异分化,同时也需要重视作为行动者的教师对于课程文本的影响。

上述研究由于未能对教师何以如此表述做进一步的经验探索,无法在教学类型与教师之间建立连接,这有待后续研究的跟进。但是通过对教师所处学校背景的揭示,学校教学分化的阶层性因素依然显见。因此,在这里对于教师"行动"的关注不是要去做吉鲁眼中具有批判意识的转化性知识分子,企图突破或抗拒整体性的结构限制,这过于高估教师的能动空间及能力。这里的"行动"是指教师对于自身结构限制的突破和转化,教师个人也同样生活在特定的社会结构与情境中,这种结构与情境对教师而言同样构成了限制,因此教师首先需要突破自身身份地位及所处情境的限制。这里的行动意味着两个方面的转化:一方面,教师需要自觉体认自身的结构属性及文化习性,每个教师不仅是一个独立的个体,也是一个有身份、有地位的个体,不是通过教师专业的培训、教师资格的获得就必然具备了精致编码及其背后的文化能力及惯习,教师需要不断地研习精进教育的符号及方法;另一方面,教师需要跳离所处学校情境的阶层属性及文化习性,站在更具普遍性的教育立场,不因学校地位的差异体认而自我设限。

第四章

内卷与开放：学生文化的学校生产

第四章
内卷与开放:学生文化的学校生产

实践掌握(practice mastery)与符号掌握(symbolic mastery)是探讨教育行动与阶级再生产关系的另外一组重要概念,它源于布迪厄[1]对学校再生产机制的探讨。实践掌握常被称为"习得",是指行动者经由实际的操作对知识及技术的掌握;而符号掌握常被称为"学得",是通过符号学会技术能力。前者比较内隐,后者比较外显。[2] 布迪厄试图提醒人们,只关注侧重外显知识学习的教学实践是远远不够的。虽然学校教育很大一部分通过文字符号进行,但是许多重要的会影响孩子学业表现、选拔结果的知识并未被转化成文字,甚至可能根本无法转化成文字,是一些"不成文的规矩"。更为残酷的是,也许缺乏文化资本或异于学校认知结构的孩子可以通过在学校的努力学习,按部就班地学得需要符号掌握的外显知识,但是由于符号掌握与实践掌握之间的巨大鸿沟,缺乏相应文化资本或认知编码的孩子不可能按照明确规则的学习,来弥补那些无法通过实践掌握的内隐的有价值的文化。"知道的东西,你不需要学习;不知道的东西,你不能学习,因为你不知道应该学习什么。"[3]换句话说,需要实践掌握的文化根本就是不可学习和无从学习的。

学校教育正是通过这样的文化专断排斥或淘汰了那些缺乏相应实践掌握能力的孩子。这样一种因缺失相应文化资本而遭到学校排斥的逻辑,与伯恩斯坦判断学生因局限编码而遭到精致编码学校拒斥的逻辑如出一辙。不同的是,布迪厄通过大量的实证研究详细呈现了学校在符号掌握之外,是如何通过内隐于考试等方式中的各种不可学习的文化价值,完成了对学生的筛

---

[1] 对于 Pierre Bourdieu 的中文译名,本书正文中统一使用"布迪厄",参考文献则保留该文献中的译名。
[2] 黄庭康.批判教育社会学九讲[M].北京:社会科学文献出版社,2017:57.
[3] [法]布尔迪约,帕斯隆.再生产:一种教育系统理论的要点[M].邢克超,译.北京:商务印书馆,2002:31.

选和分化的,让人信服地阐明了这一筛选机制的具体运作方式。① 我们的问题是:在依然以统一化和标准化考试为主导的中国的教育场域中,真的有不可学习的文化价值充当筛选的机制吗?那些布迪厄眼中可以起到筛选作用的文化价值,是否成为当下中国学校教育中的主导价值?哪怕隐含其中也好。退一步讲,即便在遭遇素质教育和多元选拔冲击的当下,举全家之力投入教育场域的学生们还有什么是不可学习的?尤其是在不以直接筛选为目的的义务教育阶段,这种具有筛选功能的文化价值又是如何在学校运作,并完成隐性的文化淘汰的?是否还有其他的机制在发挥作用?

一 文化再生产

经济学总是关心人们怎么做选择,而社会学却总是关心人们怎么没有选择可做,这道出了社会学视角偏重结构的倾向。但事实上,在社会学的研究中,结构与行动一直是彼此倚重、不可偏废的一体两面,不少社会学大家都试图构建能弥合结构与行动鸿沟的理论,比如布迪厄的反思社会学、吉登斯的结构化理论、埃里亚斯的历史社会学等,都突显了结构的促动与行动者参与的相互构成性。在探讨文化再生产的脉络中,也同样存在着分歧与偏重。如功能论、冲突论、结构主义等偏重结构的力量,大都认为结构蕴含了文化、决定了文化,甚至结构就是文化,所以讨论的是文化传递性或宰制性。而现象学、互动论、后现代主义等,则多半认为行动者的行动才是文化的来源,所以讨论的是文化创造的机动性或自发性。由此形成了两种主导的文化再生产理论。

(一) 文化专断下的选择性再生产

虽然表面上看,学校的大门向所有人敞开,不同阶级、性别、族群的学生看起来拥有公平的竞争机会,但事实上学校由于其独特的功能,经常扮演文

---

① [法]布尔迪厄.国家精英:名牌大学与群体精神[M].杨亚平,译.北京:商务印书馆,2004;
[法]布尔迪约,帕斯隆.再生产:一种教育系统理论的要点[M].邢克超,译.北京:商务印书馆,2002;
[法]布尔迪约,帕斯隆.继承人:大学生与文化[M].邢克超,译.北京:商务印书馆,2002.

第四章
内卷与开放:学生文化的学校生产

化再生产的行动者。学校一方面具有生产和证明个体能力的技术功能,一方面具有保存和认可权力的社会功能,因此学校成了转换"能力"与"权力"最好的中介场所。文化再生产理论认为:学校传递的文化表面上是合理的、客观的和不容置疑的,但它却建立在一种"选择性"基础上。这一"选择性"规定在优势群体眼里什么是高贵的、值得尊重的……或者相反的东西,即让学校强制实行只符合这一群体利益的教学内容和文化价值。① 学校里所传授的课程内容,通常以优势族群或中上阶层的价值观为呈现重点,而未能反映弱势族群或中下阶级的文化差异。于是,文化的力量透过学校教育的社会化历程,足以使学生吸收有利于优势族群或中上阶层的价值体系。

提出文化专断概念的布迪厄更是尖锐地指出:按学校标准衡量的能力,更依赖于一个阶级的文化习惯与教育制度的要求或定义教育成功的标准之间的关系。② 学校教育里所肯定的文化类型,通常是优势阶级的专断文化。统治者总是趋向于将他们自己熟练掌握的能力强行规定为必要的合法能力,并且将他们自己擅长的实践活动纳入杰出的定义中。③ 比如,高雅的保持距离、有分寸的自如和天生的矫揉造作,都是上流社会举止的各种本源,它们与大众语言特别强的表现力或表现主义完全不同。④ 因此,学校在强调文化的价值时,通过修辞方法、发音差异、语调旋律、措辞形式、风格举止、姿态手势甚至服饰化妆来区分什么是有价值的文化。是否符合并适应学校的模式、规则和文化价值,决定了人们在学校里是感到"如鱼得水"还是"很不自在"。与学校语言的关系是拘谨的还是自由的,是紧张的还是放松的,是尴尬的还是自然的,是夸张的还是有分寸的,是卖弄式的还是有节制的,这种关系是讲话者背后社会地位最可靠的明显标志之一。⑤

---

① [法]玛丽·杜里-柏拉,让丹.学校社会学[M].汪凌,译.上海:华东师范大学出版社,2001:77.
② [法]布尔迪约,帕斯隆.继承人:大学生与文化[M].邢克超,译.北京:商务印书馆,2002:25.
③ [法]布尔迪厄.国家精英:名牌大学与群体精神[M].杨亚平,译.北京:商务印书馆,2004:207.
④ [法]布尔迪约,帕斯隆.再生产:一种教育系统理论的要点[M].邢克超,译.北京:商务印书馆,2002:128.
⑤ [法]布尔迪约,帕斯隆.再生产:一种教育系统理论的要点[M].邢克超,译.北京:商务印书馆,2002:129.

通过文化专断，文化再生产以更隐蔽更间接的方法得以完成。首先，完成了从"出身"到"能力"的转化。学校将社会的不平等转变为能力的不平等，由社会的不利变成教育上的被动，将出身导致的差异转变成能力或智力的差异。中上阶层的学生，因为文化专断，容易呈现杰出的学业表现，学校教育帮助优势阶层学生戴上了"能人"的面具。其次，完成了隐蔽的选择。这种选择意味着，通过文化的距离感和不适感，以及习得的无力感，实现了对低阶层儿童的纯粹淘汰，又对免遭淘汰者在选择方面增加了限制。① 低阶层背景的学生，在学校里经历多次失败后，确定无法在教育场域获得成功，会将自己排除于教育场域外，认为自己本来就不适合读书，把自身与教育区隔得更远，这样就阻断了底层群体向上流动的可能，甚至会形塑低阶层儿童对自身文化低下、贫乏的认知。再次，实现了阶层再生产的合法化。社会的不平等既需要安抚也需要辩护，而个人的"能力差异"是为不平等辩护最让人信服的理由，学校教育通过上述专断、转化与选择，发挥了使社会不平等合法化的重要功能。布迪厄在分析了学校的再生产机制后提醒道，人们总是低估了学校能够促使人坚信能力主要来自于先天特质和个体努力的能力。

上述基于文化专断的选择作用而实现的阶层再生产，虽然间接、隐蔽但过于理所当然，被不少研究者批评太过倚重结构的力量而抹杀了行动者的主体性，没有考虑再生产的不确定性，也没有考虑学校场域的自主性。事实上，学校场域与权力场域之间是一种既依附又独立的关系。② 因为学校能帮助主导阶层实现优势地位的传递，所以主导阶层对学校场域有一定的依赖，希望借助它操控意义的生产和传播。学校一旦失去自主性，完全依附于权力，则其传递的意义将会遭到质疑，反而破坏其再生产的合法性；而学校一旦拥有自主性，就会存在诸多的可能性。

（二）文化抗拒下的吊诡性再生产

说起文化抗拒，一定绕不过威利斯的经典研究"学做工"，该研究展现了

---

① ［法］布尔迪约,帕斯隆.继承人：大学生与文化[M].邢克超,译.北京：商务印书馆,2002:8.
② ［法］布尔迪约,帕斯隆.再生产：一种教育系统理论的要点[M].邢克超,译.北京：商务印书馆,2002:12.

第四章
内卷与开放:学生文化的学校生产

学校作为阶层再生产机制的更为复杂的面向,将行动者对于文化的生产性呈现在世人面前。威利斯分析的英国工人阶级的"小子们",通过嬉戏胡闹、逃学旷课直至违反学校制度,发展出了反学校文化,从而将自己排斥在了学校大门之外,完成了阶层的再生产。威利斯笔下的"小子们"因为部分洞察了以文凭交换遵从的教育范式,而主动放弃了对文凭的追求,他们不想以牺牲"独立和自由"来换取并不能给他们带来向上流动机会的一纸文凭。对于文凭与社会流动之间关系的这一认知,一方面来自于"小子们"对父辈工厂文化中粗犷、刚毅的男子汉气质的认同和追求,另一方面来自于"小子们"所认同的工作是去技术化、高强度和标准化的,学校知识并不能体现实质性的价值。

洞察与反抗非但没有让工人阶级的"小子们"完成阶层突破,反而将其牢牢地固化在了原有的阶层中。难怪布迪厄会发出这样的诘问:如果抵抗的手段只是竭力声张那些使我成为被支配者的特征本身,把它作为"我的特性"加以强调,那么这就是抵抗吗?就像威利斯笔下的工人阶级后代声称他们的阶级文化催生男性气概并以这一理想为名骄傲地放弃就学。另一方面,倘若我努力抹去任何有可能暴露我的出身根底的痕迹,掩饰任何有可能使我永远停留在现有的社会位置上的特征(口音、生理素质、家庭关系),那么我们应该把这称为屈服吗?① 在布迪厄看来,这是一种无法解救的矛盾,铭刻在符号支配的固有逻辑之中。抵抗可能是走向异化,而屈服也许是通往解放。这就是被支配者的两难困境,他们也无从摆脱这一困境。② 这恰是文化再生产的吊诡之处。

威利斯的研究容易给人造成以下的误识:精英的再生产是一个其作为优势阶层的继承者并与之合谋的结果,是一种"接受的再生产";而底层再生产的复杂性和悖论则在于它包含了斗争和反抗,是一种"抵制的再生产"。事实上,这两种方式的再生产都是值得进一步拷问的。对于精英群体是否只是"接受的再生产",显然经验与事实之间并不一致,中上阶层在文化生产上具

---

① [法]布迪厄,[美]华康德.实践与反思:反思社会学导引[M].李猛,李康,译.北京:中央编译出版社,1998:25.
② [法]布迪厄,[美]华康德.实践与反思:反思社会学导引[M].李猛,李康,译.北京:中央编译出版社,1998:25.

有更多的能动性和丰富性,他们拥有更多的资本以及资本转化能力,因此中上阶层孩子超越结构影响的力量要比劳工阶层孩子的可能性更大,能动性更强。威利斯的批评者们也指出,其只看到了底层行动者的能动性及其文化生产,而中上阶层被刻画成完全被现存结构所决定。因此威利斯面对一个悖论:"要么工人阶级的文化内核与统治阶级的意识形态内核都是被结构性地决定的——这样的话,我们就必须放弃他关于工人阶级是自由行动者的论点,要么,统治阶级的文化也拥有一个潜在的行动力,这样,非工人阶级的人们也可以去反对再生产。"①威利斯为此回应道:"要想将再生产出来的社会关系建构成富于竞争的动态关系,我们就必须认清那个我称之为文化生产的东西所具有的相对独立的逻辑、它们介入社会关系时的不同意义,以及从文化生产中生产出文化再生产,并由此与社会再生产联系起来的意识形态和限定性的过程。"②文化的特性在于行动者"意义创造"的积极过程,尤其是在理解自身生存处境,包括经济地位、社会关系,以及为维护尊严、寻求发展和成为真正的自己而构建认同和策略的过程中。③ 在威利斯这里,文化生产更具有方法论的意义:从文化生产的视角入手对行动者开展更加具体的研究以揭露其社会生存的复杂性,这些复杂性就深嵌在行动者的知识、常识和意义体系中。

　　面对文化专断所导致的偏重结构的倾向,布迪厄在后期将关注的焦点集中于其理论体系中一个非常重要的贡献——惯习,这一概念增加了文化生产的意涵:认为惯习不同于习惯,习惯强调的是一种机械反应或反射动作,而惯习是"深刻地存在在性情倾向系统中的、作为一种技艺存在的生成性(即使不说是创造性的)能力,是完完全全从实践操持的意义上来讲的"④。在实践的

---

　　① 吕鹏.生产底层与底层的再生产:从保罗·威利斯的《学做工》谈起[J].社会学研究,2006(2):230-242.
　　② 吕鹏.生产底层与底层的再生产:从保罗·威利斯的《学做工》谈起[J].社会学研究,2006(2):230-242.
　　③ [英]保罗·威利斯.学做工:工人阶级子弟为何继承父业[M].秘舒,凌旻华,译.南京:译林出版社,2013:2.
　　④ [法]布迪厄,[美]华康德.实践与反思:反思社会学导引[M].李猛,李康,译.北京:中央编译出版社,1998:165.

第四章
内卷与开放：学生文化的学校生产

意义上，惯习包含了无数的生存策略，社会现实也因此变得暧昧与复杂。它既在事物中，也在心智中；既在环境中，也在惯习中；既在行动者之外，又在行动者之内。当惯习遭遇了产生它的那个世界或场域时，行动者可能如鱼得水，得心应手，感觉不到一点阻力和重负，理所当然地把世界看成属于自己的世界；而当惯习遭遇了另外一个世界，迥异于产生惯习的世界时，行动者可能举步维艰、处处受限、扭捏、彷徨，也理所当然地怀疑身处的世界，并将自身排斥在外。这一实践感不再只体现结构的力量而有着行动者的意识。再生产的真实逻辑是不只基于文化专断下的选择，还需要基于参与者的意识。由此结构性因素的影响经由行动者对自身生存环境的理解和参与并最终作用于行动来实现。行动者根据其在空间里所占据的位置展开争夺，以求改变或力图维持其空间中的地位，在不同的情境空间中，各种行动不可能被压制在一种普遍的社会总体逻辑之下。外在结构并不机械地约束行动，惯习既成为一种结构形塑机制，也是一种生成策略的原则，这种原则能使行动者应付各种未被预见、变动不居的情境，完成无限复杂多样的任务。

二 内卷化认同与开放化认同：学校文化再生产的逻辑[①]

对于底层群体是否只是"抵制的再生产"，我们注意到身边经验与事实之间诸多不重叠之处，尤其在"教育改变命运"的感召下，底层学生几乎完全受制于学校的再生产"魔法"而缺乏威利斯意义上的"洞见"，表现出整体意义上的认同而非抗拒。这似乎意味着又要重回传统再生产的解释模式，认为学校教育是维护现有阶层结构的工具，优势阶层与底层所处的结构位置注定了他们各自的整体命运：优势阶层得到维系，而弱势学生则被淘汰出局。如果我们仍深陷于这种由社会结构位置决定一切的宿命论，将学生视作受结构性因

---

① 本章节的案例材料依然是来自笔者在江苏省 NJ 市的一所知名小学 A 校和同在 NJ 市的一所以流动人口为主的小学 B 校的调查，除了听课之外，我们还分别以"我的未来""我的学校""我的学习"等为主题让学生进行了纪实性的写作，以及围绕身份认同问题展开了访谈。

素影响的沉默者,将学生对学校教育的认同看作是被决定的,是一种集体无意识甚至是被愚弄和蒙蔽的结果,那一定辜负了威利斯将行动者带回再生产理论,甚至将其上升到方法论层次的用意。在方法论的意义上,被支配者主体性的发现并不一定意味着导向"抵制",我们更应该关注布迪厄晚年所说的普通人在日常生活中的"社会疾苦"①。阿普尔在《教育与文化》一书中也提到了文化的另一种形式——在人们日常生活及互动过程中产生的生活文化,从生活中衍生的文化包含着各式各样的意义及实践,它帮助人们诠释外在世界,中介了经济结构对人们的影响。② 这要求我们理解在教育实践中那些被迫的选择、那些压迫与甘愿结合的方式、那些属于底层孩子的复杂矛盾的个体体验与生活政治。让我们把视角转向不同学校中的行动者——学生。

(一) 学习认知:自限与自信

学生被强制性地禁锢在学校这个非自然的环境中,学习是他们在这一时空中最主要的目的和活动。学生如何看待学校的学习生活?把什么看成学习?学习的取向和目的是什么?如何评价自己的学习?这些问题构成了我们关注的重心。在不同的学校里,当学习的压力将不同的社会关系和象征关系拼凑在一起,我们通过这些行动者在学习中的甜酸苦辣是否能窥探出作为行动者的学生的心智结构与性情倾向,以及这些结构与倾向是如何与其所拥有的现实位置实现了关联,并最终影响他们的文化认同与实践逻辑的?

1. 学习取向

(1) 能力取向:我很笨 vs 努力取向:我已尽力

不管是 A 校还是 B 校,从学生的文本中可以看出,虽然学生的成绩有好差之分,但总的来说,B 校学生自卑、自损、逃避、缺乏自信,更多看到自身不好或退步的一面,他们不把失败视为与一定的社会环境有关,比如家庭环境中的智育氛围、家庭所用语言的结构或家庭所支持的文化态度等,而是把它

---

① [法] 皮埃尔·布迪厄.实践感[M].蒋梓骅,译.南京:译林出版社,2003.
② [美] 迈克尔·W.阿普尔.教育与权力(第二版)[M].曲囡囡,等译.上海:华东师范大学出版社,2008.

第四章
内卷与开放：学生文化的学校生产

自然归咎于自身天资的缺乏。而A校学生总体上来说更自信、更理性、更多看到自身好的或进步的一面。虽然都是成绩较差的学生，A校学生更倾向于将学业的失败归因于努力程度不够，而B校学生及其周围的人更倾向于将之归因为能力不足。

◆ 每当爷爷奶奶问我学习的时候，我老是不吭声，每当这时，爸爸就会打我一顿，还说："我怎么生了这么笨的女儿。"我周围的邻居也这么说我笨。（B校学生，三年级）

◆ 我是个学习很差的小男孩。上课不认真听讲，做小动做（作）。考试考得一塌糊涂，我还是个贪玩的小男孩，写作业写一半就不写了，用爸爸妈妈的话说："即使做了作业也是十题错了九题半。"爸爸一直说我是个不争气的败家子。（B校学生，三年级）

在A校，有的学生虽然成绩差，但仍表现出"我爱学习，但我的学习成绩并不是很好，考完试成绩总是不如人意"，能客观地认为自己"尽力"了而为自己辩解："我总觉得我已经尽力了，我已经非常尽力了，可妈妈就是不知道我心里的事，总觉得我这是瞎考。"

学期过了一大半，我的学习情况也由不好变为好了。下面我就给大家讲讲我有那（哪）些进步吧！第一，我的字比以前好多了。上学期那"奇丑无比"的字现在已经不存在了，取而代之的是丑小鸭变天鹅一样清秀动人的字。这篇文章的字是不是很好呢！① 第二，我的作业的正确律（率）比以前高了。比如，这次其（期）中考试基础题一分没扣，得了88分，唯一扣分的是作文，12分被扣，我还要努力呀！这些就是我进步的地方。美中不足的是，我还有一些小小的、需要更正的地方。第一，我在数学计算速度方面有点不好（慢）。上次，老师出了10道题，要我们在10分钟之内做完。我做得有点慢，才做了5题，时间就到了，害我只得了50分。第二，是在英语单词方面还不能过关。默写10个就要错4个，有待努力。（A校学生，三年级）

---

① 研究者觉得挺一般，但字迹比较清楚。

可以看出上述 A、B 两校的学生,虽然学习成绩都比较差,学习都有困难,但是周围人给予孩子的认定取向是完全不同的。这导致了学生在看待自己与学习的关系时也不一样:B 校学生因为学习成绩差而认为自己笨,家长认为他是"败家子",字里行间透着一种无可奈何般的自我嫌弃;而在 A 校学生身上,我们看到的是一种积极向上的心态,由"不好"变"好"的进步——字变好了、正确率变高了,虽然他没说父母的态度,但是父母及身边人如何挖空心思地加以鼓励的画面已然清晰可见,于是孩子才会把在研究者看来与学习关系更为密切的"计算速度"和"英语记忆"看成"美中不足",只是"一些小小的、需要更正的地方"。在这样一种无形的支持中,A 校有不少学生能较为超然地看待学习,对学习与成绩之间做出比较理性的思考:

◆ 我的学习——平平,偶尔考个第一第二,能叫我开心半天!我不觉得去学习就要学习好,差生也不必觉得太丢脸,好生也不必觉得太光荣,每个人都有长处与短处,不要骄傲,也不要伤心,而要保持一颗乐观的心去学习。我每一天都很乐观,我不会把别人的批评或不理想的卷子很深地印在脑海里,我想很坦然地去学习,不抱以任何忧虑。我常常忘记昨天不快的事,目的是,坦然面对今天的学习。(A 校学生,五年级)

◆ 目前,我的学习状况十分正常。学习对我来说不能算一种有趣的游戏,也不能算是一分(份)苦差事。(A 校学生,三年级)

强调能力是学校成就的基础,有助于层级性的不平等制度合法化,并有助于孩子们甘心于他们在这个制度中的客观位置,当孩子们完全相信能力的内在性及重要性时,合法化的力量就会加强,这便是功绩主义的"魔术"。

(2) 他人取向:讨父母开心 vs 自我取向:做完美的人

对于学习的目的,两校学生也表现出了他人取向与自我取向的不同,在 B 校,不少学生提到了"为了父母""让父母高兴",所以要考好、学好;而 A 校学生强调更多的是"做有用的人""爱学习""成为完美的人"等。认同不是简单的顺从或不假思索的服从,它具有不同的层次:能意识到学校知识本身的固有意义和将学校知识视为未来出路的工具。这两种经验处在认同的两个

第四章
内卷与开放:学生文化的学校生产

不同层次上:前者可以将学习视为一种自由的智力游戏,享受游戏本身的快乐,而后者必须考虑游戏的成败。

◆ 我一定要好好学习,考上大学,用我的成绩来赢取妈妈的高兴。(B校学生,三年级)

◆ 虽然我上课不听讲、讲话、作(做)小动做(作)。可我依然想考上大学,考一个好成绩给爸爸妈妈看,让他们高兴高兴。(B校学生,三年级)

◆ 我很爱读书,每次一读上书,所有的东西就扔到了九霄云外,读书时仿佛自己已经身临其境了,我的学习中有百分之七十都是看书,这就是我的学习。从书中,我能知道许多科学奥秘、名人名事、成语故事……读书我总觉得是一种乐趣,"宝剑锋从磨砺出,梅花香自苦寒来"。起先我也不爱读书,但越是多读,越喜欢,滤过一个痛苦的阶段,就会有甜头。虽然我爱读书,但是我不勤奋,每当妈妈让我多写一些 AB 卷或多练一小会儿琴时,我都会很不耐烦,虽然我知道"一分耕耘,一分收获"的道理,但不知为什么,就是不想去多做一会儿。翻开历史的画卷,古今中外的名人学士的成功秘诀都是勤奋。每一次我的成绩有滑落时,我都在心里下定决心要勤奋些,可一到桌前,就把这些话忘得一干二净。我常用"勤能补拙是良训,一分辛苦一分才"来勉励自己,可没几天,就打了退堂鼓,我很苦恼,从现在起,我要用勤奋攀登智慧的巅峰,用金砖敲开知识的大门!我的学习有好有坏,但我相信,只要我取长补短,就能成为一个完美的人;只要勤奋,就能变成故事中所说的成功人士,拥有和他们一样的知识财富!(A校学生,五年级)

(3)单一取向:主科情结 vs 多元取向:副科补偿

什么是学习?在不同学校的孩子身上,也有完全不同的认知。B校学生紧紧抓住"语、数、外"的成绩不放,没有一个孩子提到其他科目,似乎一说学习就是上述三门科目的学习而无关其他。只有一个孩子提到:"学习有好多种,如学围棋、象棋、数学、语文、英语。"但他接着补充道:"而我主要学习数学、语文、英语。"而在A校学生的视野中,学习广泛而多样,音乐、体育、美术等科目被反复提及,对待这些科目,学生们一样在意:

◆ 我的学习时好时坏,有学得好的,要保持住,而学得不好的,如英语和音乐需要努力。其中我学得好的是体育和数学。

◆ 我的学习总体来说是处在班上的中等水平,但是有一个方面我是班上较突出的几位同学之一,那就是在体育方面。

◆ 我的美术成绩在班上名列前茅,但那都是我用不懈的努力换来的。

◆ 我认为,在我的学习中,学得最好的科目,是体育。在体育当中,我比较擅长的是长跑。

◆ 我的学习成绩还不错,特别是英语,我以前还考过第一呢!但是我的音乐成绩不太好,总是走调。

◆ 我的学习不是很好,但是我对电脑技术很在行,所以我在这方面学得比较好。

毋庸置疑,诸如在音乐、体育、美术等学科上学校要求的能力,决定着学生的文化,但是,只有当学校、教师、家长把这些方面都看成美好的能力,并且是可以通过锻炼得到提高的能力,竭力为每个学生提供得到这些能力的条件的时候,这些能力在学生的心智结构中才是被认可和关注的。

2. 学习评价

评价涉及学生对自我学习的认可程度。B校学生对于自己学习的评价让人总体感觉比较笼统、不够具体,甚至出现前后矛盾,他们虽然也有强烈的意愿要学好,但更多的是空洞乏力的誓言,缺少切实有效的计划和行动。而A校学生对于自己的学习评价较为客观和理性。让人印象深刻的是B校学生对于自身学习困难的原因并不清楚,表现出无可奈何的样子,而A校学生对于自己的学习除了有清晰的判断外,对于原因层面的反省也要清晰得多,同时对于下一步如何做、如何改变,他们也是心中有数,并充满信心。

（1）笼统与清晰

◆ 我的学习一般,真的。我的语文和英语都特别差,老是不极

第四章
内卷与开放：学生文化的学校生产

(及)格,但是我的数学很出色。(B校学生,三年级)

◆ 我的成绩一向不是很好,我的数学成绩好,语文成绩不是很好,英语就更不好。(B校学生,三年级)

◆ 我的学习中等,有时好,有时不好,所以回家有时被骂有时被夸。(B校学生,三年级)

以上三位同学代表了B校学生对于自己学习的评价取向,通常学生都会先给自己的学习定个性——"好"与"不好",而且总是先说"不好"的,再肯定"好"的。这种过早地下结论在A校学生身上很少看到,A校学生更多使用"感兴趣""有进步"等词语对自己的学习进行评价,而且他们的评价并不仅仅集中于学习成绩。

◆ 我最感兴趣的科目是音乐,学得好的科目是语文,有进步的科目则是英语。(A校学生,三年级)

◆ 一转眼,大半个学期过去了,我的学习也进步了许多。比如,数学:混合运算,运算得比四年级更好、更快。英语:句型运用,运用得比四年级好。语文:考试成绩,每一次都能达到85分以上。说起学习我有喜有忧,有骄傲的也有说不出口的,但最令我苦恼的还数那"长短腿",它是我学习路上的一块巨大的"绊脚石"。说起语文我就骄傲了,它可是我的长处。……但说起另外一门功课:数学,我就自愧不如人了。我对数学真是一窍不通,老师讲什么,当时我好像还记得,可过了一会儿,换一种题型,我就无从下手了。妈妈给我买了好多辅导材料,变着法子帮我学习数学,可每次数学考试我都拿不到好成绩。我也总结过原因,可下次还是考不好。难道女孩子就学不好数学吗?数学就像一块大石头,使我往下沉,尽管我努力向上游,可依然无济于事。虽然"长短腿"是一个很老的比喻了,可它不正是说到了我的痛处吗?我这个"长短腿"到底该怎么办呢?(A校学生,五年级)

◆ 我的成绩还算中等,有时候作业质量高,有时候作业质量低,有时候字写得好,有的时候字写得不好。(A校学生,三年级)

◆ 每个人在学习中都会遇到挫折和成功,不可能十全十美。(A校学生,五年级)

(2) 无助与得法

我一听"学习"这两个字,就感觉非常讨厌,不是我不爱学习,而是学习很难,对别人来说不难,可对我来说难。难上加难!虽然我的成绩不差也不好,是中等生。但要学习好就很难了,因为……怎么来说呢?反正就是写呀!背的,看起来不难,我也感觉不难,但是英语还是考不好。

每当我听到"考试"这两个字,就很烦,因为我的英语成绩很不好。我也经常写,经常读,但是没有用,考的分数让我很不满意。

我的数学、语文,我还不用担心,只有英语我不放心,哎!真的很烦!我也知道学习是为我们自己好,但我的英语学习对我来说真的很难!

我好想我的英语能考好,如果真的有这一天,该多么好呀!英语、英语,真的好难、好难、好难呀!(B校学生,五年级)

在B校的这位学生身上,我们强烈感受到了她的无助,在短短两百多字的陈述中她一共使用了十一个难字,而在这样的感叹中,我们也无法看到她有任何行之有效的办法可以摆脱这个困难。这反映出她自身并不清楚学不好的原因,也没人指导她帮她找出原因,当然也就更不用说有相应的办法和计划改变这种境况了。这种对学习"不清楚为什么会这样"的学生在B校比比皆是:

◆ 我觉得自己的学习,好像退步了许多,可是到底是什么原因让我的学习退步了这么多?难道是我这几天太贪玩了,所以成绩才会慢慢地下降?为什么我不能像其他同学那样,每次考试都考得很好?(B校学生,五年级)

◆ 论起我的学习,我对语文、数学和英语都有兴趣,至于我的英语成绩为什么会这么差,我也不怎么清楚,也许我没有用功吧,也许上课我没有认真听讲。(B校学生,五年级)

第四章
内卷与开放:学生文化的学校生产

即使有些学生试图努力找到原因,但是就其陈述的原因来说,要么特别牵强,要么根本不是原因:

◆ 我上五年级了,可数学还是不太好,我就问自己为什么呢。我想了好长时间才知道,原来在四年级放署(暑)假的时候,有很多事让我呈(承)受打击,所以我的数学不太好。(B校学生,五年级)

我现在做作业就是不顺手,有时又困难,但我上课都听了,老师讲的我也没什么不懂的。但一做起作业来就不行了。作业做不好,考试也不可能考好,中考、大考也就更别提了。就这样恶性循环,使我学习成绩下降了。看来这就是导至(致)学习成绩下滑的原因了。(B校学生,五年级)

在B校,不少学生甚至对什么是方法都没有一个清晰的概念:

你想知道我的方法吗?告诉你吧。我呀,喜欢上语文课回答问题,因为我上课专心致志,有坚韧不拔的意志力。不过我上课喜欢讲话,以后我要改掉这个坏习惯。我上数学课在那儿发呆,也说不出个明(名)堂,上课总是不回答问题,正好和语文相反。(B校学生,五年级)

相比于B校,在A校学生那里,做到对于学习好差的原因"心中有数"似乎是每个学生都拥有的一项能力:

◆ 我学习成绩不好的原因,主要就是有一些"缠身"的小毛病,例如:粗心、不仔细审题等。妈妈和老师都说,这些都是"致命的小毛病",如果不早点改掉,会害我一辈子的。(A校学生,三年级)

◆ 对英语我的把握也没多少,因为英语卷子千变万化,防不住。(A校学生,五年级)

◆ 我的学习成绩在班上属于中上等,但我觉得我的语文不怎么好,存在一些学习的困难。我的语文最不好的地方主要有以下三点:一、对于语文课文中要背的段落,虽然背的时候很熟了,但等过了一段时间再背的时候,就有些不记得了,容易添字漏字。等到下个学期就什么都不记得了。二、对于语文中的阅读我做得不好。有些文章比较深奥,读了几遍都没看懂,文章读不懂,后面问答怎么做好?我最不喜欢做那些问"你有什么启示"和"××处表达了哪几点"这类题,因为我总容易答不全。三、作文总感觉没有什么事情可写,还总不能把动作写具体。当要写些"一件开心的事"这一类作文时,我就呆了,我觉得没有什么事可写,不知道是我开心的事太多了,还是我的生活太简单,除了上学就是回家。写动作时也总写不具体,形容不出来。(A校学生,五年级)

◆ 对于学习,我最害怕的不是上学、做作业,而是经常要考试。每当老师在黑板上写"明天考试"时,我心里就为之一震,尽管考试前做了准备,复习卷也没少做,但一上考场,我就开始紧张,心里"怦怦"跳个不停,手心攥出一把热汗,连笔都拿不住了。明明课上讲过的,自己也复习过的题目,在考场上却由于紧张而忘得一干二净。我常常也会反省,为什么会害怕考试?为什么一考试就紧张?现在我总结了两个原因:第一,父母所给予的压力。每当考试前,爸爸妈妈都会给我试卷做,让我好好考,虽然这是为我好,但并非如此,反而是在无意间给我增加压力,让我背负着沉重的心理压力去参加考试,我难免会有些紧张、害怕。第二,自己的心理负担。每次考试,我都在想:要考试了,怎么办?考不好怎么办?而这些愚蠢的问题都是我在吓唬自己,给自己增加心理负担。就算考试也要乐观、自信地面对,考不好也没关系,本来考试就不是一件可怕的事。但正是我自己心中的害怕,导致了考试时的紧张。我想,我应该走出自己心理的阴影,勇于战胜我的最大敌人——自我。这才是我学习进步的前提。(A校学生,五年级)

正是建立在对于学习原因的清晰把握上,A校学生才能够提出有效的改变计划和方法。

◆ 现在,我要向大家介绍一下我是怎么把语文的考试成绩"拉"上去的。在四年级的时候,我的语文成绩不是很好,有几次才

第四章
内卷与开放:学生文化的学校生产

考了七十几分。但是这一学期一开始,我就开始认认真真地学好语文。首先,我把语文课上老师讲的重点内容记在书上。预习时,把一些不知道的词语的解释抄在书上,并理解。上完一课或一个单元,我都会主动要求妈妈帮我默写词语,并抽了一些习题卷上的作业,认真地做一做。把要求背的一些课文背熟。老师布置的作业认真完成。(A校学生,五年级)

◆ 我的语文学习方法是:上课认真听讲,一丝不苟、严谨认真、刻苦好学。回家后,我复习上课时老师给我的笔记,让课文内容更加清晰地映入脑中,这样就能更加了解课文的含义和段意。就这样,日积月累,日复一日,我的语文成绩也就更加出色、优异。同时,还要勤看课外书,丰富知识,提高自己的作文水平,在考试时,就能运用这些知识。我的数学也很不错,我的数学学习好的原因是:在课堂上,要专心,有什么不懂的下课时要请教老师,要急(及)时把不懂变懂,有些同学由于内向,所以不请教老师,这样怎能将成绩提高呢?(A校学生,五年级)

这些颇得章法的计划真的只是学生一人独自思考、总结获得的?我们看到多位学生在陈述中提到了家长适时、适当的引导、督促和鼓励。

我爱学习,现在我学习很努力,很刻苦,因为在其中我体会到了学习的乐趣。在一、二年级的时候我可不是这样噢,那时的我总是马马虎虎的,每次写作业都是龙飞凤舞,常常被妈妈撕掉,要求重写。记得升入三年级以后,第一次考英语时我都傻了,因为我根本就不知道英语还要考试,所以试卷一发下来,我只觉得头脑嗡嗡发响,满眼的英语单词都是我所不认识的,我连懵(蒙)带猜好不容易把考试应付过去,所以成绩可想而知了,差点就得个零蛋。羞得我无地自容!可回家以后,爸爸妈妈并没有责怪我,而是耐心地对我讲道理,分析为什么会出现这种情况,主要是我没有把精力心思用在学习上。爸爸妈妈每天晚上都抽出时间为我辅导,我一开始觉得英语真难啊,昨天学的今天说不定就忘记了,可爸爸总是鼓励我说

"万事开头难"。于是我每天放学回家就开始背单词,读课文,"功夫不负有心人",我的付出终于有了回报,渐渐地,我的英语成绩由不及格到及格,又由及格到良好……最后,经过我的不懈努力,我终于成为班上的英语尖子生,四年级期终考试我终于拿到了满分!通过英语学习的经历,我明白了一个简单的道理,那就是一分耕耘,一分收获,再难的功课,只要努力就一定能学好。所以现在我对考试一点儿也不畏惧,反而觉得考试是一种提高,因为只有通过考试,我才能发现自己学习上的缺点和薄弱环节。只有不断地增长自己的文化知识,我长大后才能成为对社会有用的人。我爱学习!(A校学生,五年级)

正是这些琐碎的瞬间和细节,构成了教育阶层化过程的轨迹。从家庭延伸到学校,塑造着学生面对学习时的不同态度和体验,以及针对学习的不同性情和实践。家庭所拥有的知识、技术、气质以及文化背景的总和,是一种不同于经济能力和社会资本的文化资本,拥有较多文化资本的父母,通常会更加重视子女接受教育的状况,可以通过言传身教和家庭文化氛围的营造,使子女养成较好的学习习惯等,进而使其能够接受更多更好的教育。中上阶层家庭与子女的互动较为柔性,往往探究孩子为什么会那样做,其意图是什么,处罚其内在规范的缺失,因此很少因结果性的成绩不好打骂孩子,家长更重视孩子的学习习惯和品行,虽然认为学习重要,但不勉强,要求孩子尽力而为,以鼓励为主,强调孩子的自我控制能力。劳工阶层家庭与子女的互动较为刚性,通常会根据孩子行为直接且立即的后果加以处罚,动辄打骂,使得孩子越来越不愿与父母沟通,父母也很难在孩子的习惯、性格等方面给予有效的引导。

3. 学习实践

学习实践既不是对学习的机械反应,也不是对学习的刻意盘算、苦心追求、自由筹划,而是在学习领域的日常实践,在那些最细微、最平凡的形式中体现出来的实践意识和实践逻辑。这些意识和逻辑在日常的实践中获得,又反作用于后续的实践。实践代表一套内化了的能力和结构化了的需求所构成的倾向系统和行为系统。它们建构了各种行为的分类和原则、态度与抱负。

第四章
内卷与开放:学生文化的学校生产

B校学生基于上述对于学习认知的不客观、对于原因分析的不清楚、对于学习改变的无可奈何,在学校的日常实践中容易自暴自弃或迷茫焦虑。"说句拿(难)听的话就是狗改不了吃屎,无论我怎样发誓都改不了贪玩的坏毛病。""我很想学,可是我学不进去。"而孩子的父母们面对孩子的"学不进去"更多采取的是简单的看管和打骂的方式,以一种近乎火上浇油的方式强化了学生在学习场域的对立、不适和逃避:每次考完我都不敢拿给我妈看,不敢拿给她的原因,还是怕她打我呗!妈妈打人可疼了。在这种恶性循环中,希望被阻断,改变变得更为不可能。通过下面这位学生对自己学习生活的描述①可以窥见底层群体孩子的学习境遇。

我是一个非常挑(调)皮的小孩(,)对待学习也是很马虎(,)写字龙飞凤wu(舞,)不知被家人骂了多少次(。)我上课有时打ke(瞌)睡(,)有时发呆(,)有时朝外面望(,)盼着下课(,)偶而(尔)有那一下下在认真听课(,)所以成绩不是很好(。)我们班有70多个人(,)我在前35左右(,)很丢人的(。)我有时也想好好学(,)可是学着学着心就开始有点痒了(,)想出去玩了(,)就扒(趴)在桌子上等着下课(。)我写作业(,)你就别提了(,)10次有8次不交(。)有时候家庭作业也不想写(,)除了数学作业(。)一学期我有20节课是站着的(,)我站着都能跟(同学)讲话(,)不管男女(。)今年我的语文学习成绩一直往下掉(,)上课老是分心(,)爸妈是该骂的也骂了(,)该打的也打了(,)我就是改不了(,)学习还是上不去(。)有时上课认真听讲(,)有时就马马虎虎(,)三字经里有一句话说得好(:)玉不琢(,)不成器(,人不学(,)不知义(。)每当一到考试(,)我的头就要炸了(,)晚上使经(劲)地看书,lin(临时)磨刀(,)不急(不知什么意思)也小心考完了(。)要拿回家qian(签)名(,)我爸看到语文的成绩(,)非把我的皮给扒了(。)现在我立志要好好学习(,)不在(再)象(像)以前那样马马虎虎的(地)学习了(,)把书读好将来才会有出息(。)(B校学生,五年级)

---

① 因为通篇没有标点符号,研究者为其增加了标点,并做了一些注解。

学习的实践活动是一种时间化的行为,它在时间中展开。原初的习性在学校中是继续自我复制还是超越突破?我们看到处于低地位群体的学生虽然信誓旦旦,但因为其学习取向上更多的能力归因、学习评价上的不够清晰、学习实践中缺乏方法,其原初的习性在学校继续以恶性循环的方式自我设限、自我复制,最后自我排除。这种排除既来自与学校文化价值、认知结构上的差距,也就是伯恩斯坦所谓的编码差异和布迪厄所讲的文化专断,又来自于在学习实践这个充满压力的长时段中,无能为力后的自我复制。

(二) 未来预期:认命与恣意

身份是什么?韦伯说:"身份体现着社会差异,它因社会成员之间经济状况、权力地位、文化条件的不同而存有区别。"① 命运是什么?布迪厄说:"命运是人们不惜代价去填补可能的未来与现实之间差距的一种努力。"② 但是这种努力也因为对命运的认知不同而有了不一样的意义,布迪厄接着补充道:"处于最不利地位的阶级对自己的命运过于觉悟,对于实现命运的途径又过于不觉悟。从而促进了自己命运的实现。"③ 在布迪厄那里,社会结构和认知结构具有结构性的关联,并彼此强化。两者间达成的对应关系为社会支配提供了最坚实的支撑。社会学的目的就在于揭示构成社会空间的不同社会人群的最深层的结构,以及倾向于确保社会空间的再生产或者变革的"机制"。学生童年的成长经历以及与同辈团体、学校空间的相处经验,都有助于结构的展开。随着时间的推移,不断地进行"内在外在化"与"外在内在化"。④

B校学生在日常的交谈中均表现出了非常强烈的向上流动的期望:"我要好好学习""我要考个好成绩""我要上大学""我一定要好好学习,考上大学,用我的成绩来赢取妈妈的高兴"。但是与他们的信誓旦旦相矛盾的是,他

---

① [德] 马克斯·韦伯.经济与社会(上)[M].林荣远,译.北京:商务印书馆,2006:334.
② [法] 布尔迪厄.国家精英:名牌大学与群体精神[M].杨亚平,译.北京:商务印书馆,2004:295.
③ [法] 布尔迪约,帕斯隆.继承人:大学生与文化[M].邢克超,译.北京:商务印书馆,2002:94.
④ [法] 布尔迪厄.国家精英——名牌大学与群体精神[M].杨亚平,译.北京:商务印书馆,2004:1.

第四章
内卷与开放:学生文化的学校生产

们在展望自己的未来时出现了较低的自我预期,有不少学生预计将来自己就是个打工者——"打工的人""工人""公司一员""做事的""做苦力的"等,甚至有学生提到自己将来会"没出息""没事干了""失业""落魄""到处流浪"。学生自己解释道:"我太笨""我很想学,可是我学不进去"。学生们对于教育作为向上流动的渠道深信不疑:"我认为我的付出会有回报""把书读好才会有出息"。正因为对教育价值的深信不疑,他们更多认可教师的权威,在对自己学习的描述中,很少对教师的教学和学校本身进行评价,学习成绩好的同学不是他们挖苦的对象而是努力的目标,他们更多地看到自身的不足和问题,个人对自身价值的定位完全依赖于学校,并且会为自己学习的失败而失望甚至认命。

"二十年后的自己"(B校的一些学生,五年级)

老板型:我当老板,大老板。我是一个大富翁。我是一个鼎鼎有名的商人,幸福而不富裕的商人。一个有钱的商人。一家小饰品店老板。一家服装店老板。一个公司的董事长。一名事业有成的女强人。经理。

有钱型:有钱人,开着豪华车、住着别墅的人。说不定我二十年后会很有钱,坐在公司喝着饮料,拿着大钱。有可能是有钱人,有自己的车,是一个富贵的人。

明星型:我当明星。也说不定我会成为一个明星,电视里不是常说嘛,一切皆有可能。

老大型:我是一个老大。有可能是老大。

打工型:普通的工人。打工仔。帮人打工,早出晚归。也说不定二十年后是一个打工仔,忙得死去活来。打工。一位上班族。可能是一名职工。公司一员。

落魄型:"苦"人,街头卖艺的。一无所成的人。无业游民。有可能是一文不值,是个平民。生活境况不好,没出息,没事干。做苦力的。失业、落魄的人。

这些学生对自我的期望存在三个特点:一是期望值很低,尤其是出现了可归为落魄型的预期;二是出现了较为极端的预期类型,比如老大型和老板型;三是预期较为模糊,可以从明星型、打工型或老板型中看出。这一定不是他们"理性"选择的结果,但又似乎显得合情合理:经过长时间的生活和学习经验的累积过程,他们所面对的各种客观现实与机遇都被他们在学习的过程中不断地激活并内在化,学生个体会根据目前已内在化的经验设想未来,因此,他们不会憧憬其社会群体似乎不可触及的事情,"拒绝被拒绝的,希望得到不可避免的会有的东西"。他们知道怎样识别出适合他们的未来,这一未来为他们而设,他们也为这一未来而生,动机的不平等又强化了既存的不平等。这也进一步印证了布迪厄关于惯习的阐述:惯习绝不是什么通过某种明确公开的、自觉意识到的筹划体现出来的东西,这是以胡塞尔在《观念Ⅰ》里充分描述的"预存"的方式,努力去追寻、把握游戏,追求在当下现实里直接给定的"客观潜在性"。①

相反,在 A 校学生身上拥有更多质疑的气质,对学习、对教师、对学校教育拥有或多或少的洞见。他们能戳穿教师的教学把戏:比如 A 校的英语老师为了鼓励学生发言,实行发奖章奖励制度,凡上课发言答对者皆可获得一枚奖章,学期结束满 50 个可减口语考试或寒假作业,100 个两项都不做。学生们发现教师的这一做法存在不公平:"老师经常请课代表或英语好的同学(发言或回答),我们这些并不突出的学生只是偶尔能请到。"并且这带来了很多意外后果:"没有考虑同学之间的团结""同学为了发言问一些没有价值的问题浪费大家时间""肯定集不满奖章的同学不好好早读,破罐子破摔"。而更多的学生对此表示不屑一顾:"集再多的章,将来也要中考,还不如老老实实做寒假作业,进一步巩固我们的学习。"他们不仅质疑教师的教学手段,而且会否定教师的教学态度:

◆ 家长会上老师说我不动脑筋、懒,我十分反感,我认为自己是懒,但我还是会动脑筋的,老师(的态度)就像天气,说打雷就打雷,心情不好就会骂我们,指着本子大骂:"你看你们做了什么作业?

---

① [法]布尔迪厄,[美]华康德.实践与反思:反思社会学导引[M].李猛,李康,译.北京:中央编译出版社,1998:174.

第四章
内卷与开放：学生文化的学校生产

瞎做！"（A校学生，四年级）

◆ 这学期新调来的英语教师李老师，让我有些反感。李老师上课有气无力的。上回，她说话前一甩头发，本以为她是清清嗓子，没想到她用比蚊子哼高一分倍（贝）的声音说："这节课我们来默一下第九单元蓝颜色的单词……"李老师啊，你如果能对大家公平一些，上课再精神一些，那肯定是一位受人尊敬的好老师。（A校学生，四年级）

由于A校学生参加校外培训的很多，校外的学习也成为他们重要的评价对象，大部分学生表示"去上辅导班，肯定不高兴"。学生们认为"外面上课的老师很大一部分还没有学校老师好"，大部分学生怀疑"这是骗钱的""弄出了什么'强化班''特强班'，可能还都是为了多收些钱"。也有学生意识到这是"合谋"的结果：

到处是家教广告，满天飞舞的是补习班介绍，家长们好像也很乐意到处报名，谁不愿自家孩子成龙成凤呢？尽管学校老师作业布置得不多，但有些家长生怕练习量不够买了大量的《AB卷》《课课通》《优化作业》……厂家也抓住了这个机会进了大量辅导书。（A校学生，四年级）

有学生通过笑话来讽刺现在的学习压力：

我有一次在一本笑话书中看到这样一则笑话。爸爸问小明："你们学校不是减负了吗？怎么作业越做越多呀？"小明说因为老师说过，减去负数等于加上正数。刚一看完就觉得这不仅是一则笑话，更是一个现实生活的写照。（A校学生，四年级）

上述中上阶层学生的调侃与质疑，并没有导致其再生产的中断，相反，教学魔法的识破、学校教育的洞察使其对学习的认识更进一步：

◆ 我不觉得去学习就要学习好，差生也不必觉得太丢脸，好生也不必觉得太光荣，每个人都有长处与短处，不要骄傲，也不要伤心，而要保持一颗乐观的心去学习。（A校学生，四年级）

◆ 我的成绩很一般,但我很爱读书,每次一读上书,所有的东西就扔到了九霄云外,读书时仿佛自己已经身临其境了,我的学习中有百分之七十都是看书,这就是我的学习。(A校学生,四年级)

在这个意义上,"认命"与"恣意"才有了它分化的意涵:过早地"认命"意味着他们无法跳出自身的限制理性地审视、筹划自己的各种可能,即便筹划也带着负重前行的悲壮;而"恣意"则能跳出自身平静、洒脱地审视、看待自己。也正因为有了这样的平静与洒脱,多种可能向他们敞开,既清晰又轻松,虽然过程一样需要跋山涉水,但是因为心态不同,欣赏到的风景会变得明媚,自我和周围的关系会变得富有弹性。

(三) 生活格局:内缠与外拓

导致一个人自我排除的主观期望直接依赖于决定他的属类客观机会的那些条件。主观期望这个概念的理论功能是确定不同关系系统的交点,它们既包括教育系统和阶级关系结构的关系,同时也包括客观关系系统和禀性系统、精神气质之间的关系。每个行动者在自我限定时,总是参照限定他的那个客观关系系统,甚至他本身不知道的时候也是如此。拉鲁曾坦言:家庭在很多方面因社会地位不同而存在着天壤之别:在孩子参加的有组织的活动的数量上、在家庭生活的节奏上、在家境方面、在自由玩耍的时间方面、在大人是否对孩子的活动感兴趣方面、在孩子的活动是否支配大人的生活方面,以及在孩子能独立于成年人而自由支配课余时间等各个方面都存在明显的差别。① 不管是家庭中的父母,还是学校中的同学群体,都构成学生的参照系统。在此,我们从学生对同学、父母、家的看法中感受认知所带来的差异。

1. 学生眼中的同学

在B校,学生们这样看待学校里的同学:

这里什么样的学生都有,打架、喝酒、抽烟,甚至拿刀捅人、打群架,这还是学校吗?(B校学生,五年级)

---

① [美]安妮特·拉鲁.不平等的童年[M].张旭,译.北京:北京大学出版社,2010:36.

第四章
内卷与开放：学生文化的学校生产

在访谈中，有几位学生还提到："高年级的学生谈恋爱、抽烟、打架，什么人都有。"如果在学生的印象中，作为同辈群体的同学多是负面形象，那么融入同辈群体的程度或者从同辈群体中学到的东西一定相当有限，与同辈群体的生活也一定充满隔阂。作为一个人社会化非常重要的影响源，同辈群体的负面影响或缺失不仅是生活的缺失，也会导致心智中效仿、自由、协商能力的缺乏，因为相比较师生相处、亲子相处，只有在同辈群体的交往中，才是最平等和自由的。而在 A 学校，同学之间的交往可以说精彩纷呈：

> 我的生活很精彩，西祠胡同中的"47个聪明蛋"就是这精彩中的一部分。"47个聪明蛋"是三年级时数学吕老师和语文安老师共创的，在"47个聪明蛋"中，我叫红绿灯8，这可是我绞尽脑汁想出来的呀！"红"是妈妈名字中的一个字，"绿"是因为我姓叶，有了"红绿"后面当然要加个"灯"喽！"8"嘛，是因为有某位仁兄先我一步起过红绿灯了，我又不想抛弃这个好名字，就在后面加了一个幸运数字"8"。
>
> 进了"47个聪明蛋"，我看到了网名为"李逍遥9779"的李子睿，叫"跑跳牛"的是蔡嘉懿，"紫叶枫林"是邱实，哼，这个名字还是我给她起的呢！还有叫"炊事班老班长"的吴依诺，叫"女儿函"的姚函……有一次，看到"北小雪莉"（薛白）发了一个帖子，叫"搞笑祝福语"，看完后我也笑了，原来帖子上写道：床前明月光头佬，疑是地上镶牙佬，举头望明月饼佬，低头思故乡下佬。看此讯息正傻佬！还有一次，"红莲骑士"（朱世豪）发了一个帖子叫"只有男生准进，女生不准进"，我很气愤，进去一看，发现里面女同胞们正在回帖反抗，我心里爽极了。听了我的介绍，你们想去"47个聪明蛋"吗？（A 校学生，五年级）

2. 学生眼中的父母

B 校学生所描述的父母形象都与时间有关，比如"爸爸每天回来是 8:30，妈妈下午 2:00 回来，晚上 5:10 回到家的""妈妈早上 4:00 起来，爸爸 3:30 起来""爸爸卖豆制品，每天都要 2 点钟起床去干活，并且一干就是到晚上 7 点多钟才回家""我的妈妈天天开小店，小店 10:00（晚上）关门，她在 11:00

(晚上)睡觉""爸爸每天早上8点上班,晚上11点回家。妈妈有时候7点上班,下午3点回家,有时候晚上11点上班,早上7点半回家,有时候上午10点上班,晚上8点回家"。孩子们精确地记得爸爸妈妈起床、出门、回家的时间,在对父母的印象和描述中时间占了极大的篇幅。而A校学生对父母的描述中,外表、性格占据了重要篇幅,B校学生中也有对父母形象的描述,但多是一个模子出来的,比如"水灵灵的大眼睛""高高的鼻子",至于对性格、爱好的描述非常少见。与B校学生不同的是,A校学生所描述的父母外表、性格和喜好可以说极其详细和清楚,各有特色、活灵活现:

◆ 我的爸爸,皮肤有些黑,头发一眼看上去黑黑的,但仔细看一下,就能看见那儿有几根白头发。眼睛亮亮的、大大的,挺挺的鼻子下面有一张能说会道的嘴呢!他今年40岁了,体重69公斤,个儿挺高,足有1.75!爸爸虽然很大了、老了,但他每天都坚持运动,没事时常和我一起下楼打羽毛球、跳绳或玩一玩。再看妈妈,今年38岁,个子不是很高,我再长一些就跟她一样高了!虽然她老了,但她的眼睛依然是那么炯炯有神。妈妈头发乌黑,但小部分有些白发,嘴小小的,手很大。她喜欢穿绿色的衣服,主要是连衣裙,一旦她穿上了连衣裙,我就觉得妈妈很像一个公主,格外美丽!妈妈也喜欢看书,看起书来,至少喊她三四声她才能答应。(A校学生,四年级)

◆ 我的爸爸是个工作狂,平时经常很晚回家,只要他一有时间就会关心我的学习,教我电脑知识,给我讲很多做人的道理,培养我的学习兴趣。妈妈是个购物狂,一到节假日就会奔走于各大商店、超市,拎回大包小包的东西,平日里没时间逛街时,就会上网买点儿小玩意,这其中很多都是为我准备的,有学习用品,有衣服等,妈妈就是这样无微不至地在生活上关心我。别看爸爸、妈妈的性格爱好大相径庭,他们在培养教育我方面步调是一致的。他们希望我成为一个执着、刻苦、自励的人。(A校学生,四年级)

孩子所描述的父母的差别不仅可以看出家庭生活中家人相处时间的多

第四章
内卷与开放:学生文化的学校生产

或少,也可以看出亲子之间交流的深入程度、生活的丰富程度上的差异。一方面,受父母职业以及由职业地位所决定的生活境遇的影响,A、B两校学生与父母之间的交流在数量与质量上都存在较大差异,中产阶级进行的是参与式的协作培养,而劳工阶层更多的是任其自然成长。我们可以看到中产阶层父母对孩子悉心关注的一面,而在劳工阶层家长身上我们看到的是放手或简单管教的一面:家长和孩子之间讨论问题是中产阶级家庭抚养孩子的一个重要特征,所以中产阶级家庭中的谈话交流要远远多于工人阶级和贫困家庭,而正是谈话交流使得中产阶级的孩子能够与父母有更多无明确目的的互动,建立更亲密的亲子情感和关系,这不是说劳工阶层与孩子之间没有亲密情感,也许后者的情感更浓,只是后者的情感表达经常处于被压抑的状态。另一方面,社会地位的确对塑造家庭生活的日常节奏方面有着强大的影响力,生活中各种分类规则和排序规则也是不同的,中产阶层所看重的兴趣爱好、性格等,在劳工阶层的生活中都是可以忽略不计的,对于他们来说生计是第一位的,因此职业、金钱、劳作成了首先印刻进孩子思维中的关键词。正是因为上述两点差别,B校学生眼中的父母辛苦、简单,形象较为平面化,而在A校学生眼中父母可爱、丰富,形象较为立体。

3. 学生眼中的家庭

家不仅是客观的物质(如房子、桌椅板凳)和人等要素所组成的空间,也是情感联结的精神纽带,在A、B两校学生围绕"我的家"进行的描述中,B校学生对家的描述,情感的线索是缺失的,我们看到更多的是外在的物质和人的空间,通常学生先描述家里有几口人,然后再罗列家里有哪些东西,比如床、电视、桌子、柜子、摩托车等。

◆ 我的家(有)电视(,)3个床(,)水瓶(,)被子(,)自行车一辆(,)椅子(,)箱子(,)水池(,)包(,)雨伞(,)洗衣机(,)洗衣粉(,)碗(,)筷子(,)桌子(,)白酒(,)方便面一箱(,)锅(,)鞋子(,)摩托车(,)碗柜(,)大米(,)面条(。)(B校学生,二年级)

◆ 弟弟刘云冰(,)爸爸刘新华(,)妈妈何敏(,)爷爷刘西府(,)奶奶鲁玉兰(,)家里的东西(:)电视(、)床(、)桌子(、)椅子(、)雨伞(、)笤帚(、)花儿(、)小草(。)(B校学生,二年级)

◆ 我的家里有爸爸(,)有妈妈(,)还有我(。)有电视(,)有桌子(,)有椅子(,)还有沙发(,)还有许多布娃娃(,)有水瓶(,)还有灯(,)还有奖状(,)有奖品(,)有衣服(,)有牛奶(,)还有牛奶箱(,)有小金篮(不知为何物,可能是一种玩具)(,)有小金色的布娃娃头姑(箍,)还有茶具(。)有许许多多的写字本(:)数学本(、)英语本(,)语文本(。)还有跳舞的奖品(、)玩具(,)有我买的小学生语文全能一本通字典。(B校学生,二年级)

这样一种罗列与体认不断地在强化他们对于家庭地位及自身的认知,如果物质已然匮乏,而对精神的一面又未能很好体认,那么这种匮乏感会在不断体认中得到进一步的强化。但在A校学生那里,虽然也有对家里几口人的描述,但几乎不会罗列家里有哪些东西,而更多注重家庭情感的描述:

"我有个温暖的家。""我们家很幸福很温暖,所以我爱我的家。""我非常喜欢我的家,因为家里有爱我的爸爸和妈妈,我们家里充满了欢乐。我的一举一动、一言一行爸爸妈妈都时时在关注,(他们)关注着我一点一滴的进步和成长,我想,在这个家里我会一直快快乐乐地长大。""我非常爱我的家,那是因为我的家时刻洋溢着温暖的气氛。我爱我家的每个人,他们都给了我无微不至的关爱,让我在和谐、健康的条件下健康成长。"(A校学生,二年级)

与家的关系不仅是物质的关联,更是精神和情感的联系。同学、父母和家都是孩子重要的情感维系点,在这些领域,情感的互动和感受是孩子社会化的重要方面,对情感的产生、表达、体验是增强学生文化丰富性的重要维度。我们在B校学生身上感受到情感维度的欠缺,他们有更多负面化、平面化和物质化的感受视野,而少有正面化、立体化、情感化的表达和体认,这对于学生心智能力的建构显然是不利的。物质的空间是有限的,而精神的空间是无限的。在对同学、父母和家的体认中,B校学生表现为更侧重于同学、父母、家的表层特征的描述,而较少注意到其内在特征,诸如精神、性格和氛围等,表现出一种封闭性的向内纠缠的取向,从而陷入了对于周围关系与空间的不断体认与强化中;相反,对精神和情感空间的关注则会帮助其跳脱物质

第四章
内卷与开放：学生文化的学校生产

空间的限制,而有更超越于自身情境的可能性。

自现代学校体制创建以来,世界各地历经多次改革,大多与教育机会均等的诉求相关,但为什么某些人的教育机会及成就依旧长期受到家庭背景的牵制,而另外一些人也越来越依赖于家庭或家族庇护?这样的发展显然背离了功绩主义的理想,儿童的成就地位似乎越来越跟能力和努力无关,反而由家长的财富与愿望所决定,现实也一再地证实这一点。指出这种关系,让我们容易认为家长参与是决定子女教育成就的必要因素,很可能会把大家注意的焦点从社会不公平转到家长身上,让大家认为是家长参与不够,没有尽到教育子女的责任,出的问题似乎都在家长身上,而与学校、社会或国家无关,这显然是不够的。

三　文化认同下的内卷化再生产

(一) 内卷化的逻辑与力量

在中国研究中,存在着一些被认为对于中国的现实具有解释力的概念,"内卷化"便是其中之一。"内卷"一词最早出现在德国著名哲学家康德的《判断力批判》里,康德把"内卷"与"演化"相对照进行论述,认为内卷与进化是两种完全不同的演进方式,他将其称为"锁入理论"(die Theorie der Einschaehtelung)[①]。后来美国人类学家戈登威泽(A. Goldenweiser)用"内卷化"来描述一类文化模式:当达到了某种最终的形态以后,既没有办法稳定下来,也没有办法使自己转变到新的形态,取而代之的是不断地在内部变得更加复杂。戈登威泽以毛利人的装饰艺术为例,认为这种艺术的特点是复杂、精细,使得整个作品充满装饰性。但是,如果分析作品的要素,就会发现

---

① 康德.判断力批判[M].宗白华,韦卓民,译.北京:商务印书馆,1964:85.

要素的数量很少,在某些情况下,复杂的设计实际上仅仅来自于对某个空间安排的多样性。它排除了对其他单个或多个要素的应用,却并不抵触在单个或多个要素内部进行发挥。这样,一个无法回避的结果就是渐进的复杂性,即统一性内部的多样性和单调下的鉴赏性,这就是内卷化。① 随后,人类学家格尔茨(C. Geertz)在研究印度尼西亚爪哇岛的农业经济发展时发现,爪哇岛由于缺乏资本,土地数量有限,加之行政性障碍,无法将农业向外延发展,使得劳动力不断填充到有限的水稻生产中,从而使得该地区发展成为劳动密集型模式。格尔茨用"农业内卷化"来说明劳动人工的大量投入并不能带来收益的显著提高,只会带来过分欣赏性的发展:一种技术哥特式的雕琢,一种组织上的细化和复杂。农业生产长期原地不动、未曾发展,只是不断地重复简单再生产。② 后来,社会史学家杜赞奇借用并发展了格尔茨内卷化的概念,将其运用于政治学领域并指出:国家政权内卷化是指国家机构不是靠提高旧有或新增机构的效益,而是靠复制或扩大旧有的国家与社会关系——如中国旧有的赢利型经纪体制——来扩大其行政职能。③ 黄宗智在《华北的小农经济与社会变迁》一书中,把内卷化概念用于分析中国乡村经济及社会变迁,指出在有限的土地上投入大量的劳动力来获得增长的方式,就是一种过密型或内卷化的增长。他在《长江三角洲的小农家庭与乡村发展》一书中进一步发展了内卷化概念,认为内卷化是一种"劳动投入增加下的劳动报酬降低式"的内卷化。④ 此后,内卷化概念被广泛应用于社会治理、经济发展、文化类型的分析。其核心的意涵是:事物发展到某种特定程度而出现的原有方式无休止地叠加缠绕、自我复制并伴有内耗加剧、自我锁定的样态。

在此,我们使用"内卷化认同"来指涉弱势群体学生的一种再生产机制:处于弱势群体的学生,由于其通过学校改变命运的期望更高,因此对于学校教育更为依赖,对于学校教育的文化价值更能认同,常常将学业上的困难和

---

① 刘世定,邱泽奇."内卷化"概念辨析[J].社会学研究,2004(5):96-110.
② Geertz C. *Agricultural Involution: the Processes of Ecological Change*[M].CA:University of California Press,1969.
③ 杜赞奇.文化、权力与国家——1900—1942年的华北农村[M].王福明,译.南京:江苏人民出版社,2003:51.
④ 刘世定,邱泽奇."内卷化"概念辨析[J].社会学研究,2004(5):96-110.

第四章
内卷与开放:学生文化的学校生产

失败归因于自身能力的不足,从而付出更多的努力,但是因为其文化资本以及惯习的作用,往往并不得法,使得努力的结果相当有限,从而进一步加深了其关于自身问题的体认。这种反映在教育过程中漫长时间序列上的不断内缠的体认——反反复复的想突破又无能、想挣脱又无力、越付出越徒劳的无望的循环,不仅不能帮助其克服困难、实现超越,反而促使这些孩子自我否定、自我设限甚至自我淘汰。

内卷化的再生产跟威利斯所强调的行动者的抵制式再生产不同。在这里,恰恰是行动者的认同促成了其阶层的再生产。当弱势阶层学生因为知道教育可能带来的回报而极其渴望习得主导阶层的知识和文化时,教育行动在他们心中具有合法性,他们为之付出努力。因此,威利斯笔下"小子们"的边缘化主要取决于他们价值上的不认同、态度上的不合作。但是在这里,我们更多看到的不是立场或价值、态度的问题,而是学习本身的无助感,这种无助感是投入之后被激活的资源无法驾驭的结果,这构成了他们学习生活的真实境遇,是活生生的日常体验。威利斯在关注行动者文化时提醒我们:要解释中产阶级子弟为何从事中产阶级工作,难点在于解释别人为什么成全他们。要解释工人阶级子弟为何从事工人阶级工作,难点却是解释他们为什么自甘如此。① 这个"自甘如此"包含了孩子们在日常化的、连续不断的社会与教育处境中所形成的人格、偏好及文化等所最终带来的结果和一种妥协、认命的过程。马克思在其《政治经济学批判大纲》中曾论述过:个人在没有创造出他们自身的社会关系之前,根本无从驾驭这些关系。不过,倘若把这种关系单纯的客观关联,看成是自然而然的、与个体本质(与他们有意识的认知和意愿相独立的个性)不可分割的,而且是个体固有的关联,那就大错特错了。它是个体的产物,它是历史的产物,它属于个体发展的特定阶段。它所表现出来的与个体对立的异己性和独立性,只是表明:个体仍在致力于为他们的社会生活创造条件,他们甚至还没从这些条件出发开始他们的社会生活……全面

---

① [英]保罗·威利斯.学做工:工人阶级子弟为何继承父业[M].秘舒,凌旻华,译.南京:译林出版社,2013:1.

发展的个人……不是自然的产物,而是历史的产物。①

内卷化的再生产与布迪厄所强调的通过惯习的延续所完成的再生产也并非完全不相同。布迪厄企图通过惯习的概念来弥合结构与行动的鸿沟,从而从过于单向的文化专断中走出来。在分析被支配者的两难困境时,布迪厄曾提请人们注意:被支配者的被排斥和被压制,正是他们自身合作的结果,是一种自愿奴役。但是他同时又补充道:"如果说被支配者总是为他们自身的被支配出了一份力,那么也有必要随即指出,将他们导向这种契合关系的那些性情倾向也正是体现在身体层面上的支配他们的效果。"②这种身体层面的支配即为惯习。惯习首先体现了一种组织化行动的结果,其含义与结构之类的用语相近,同时它还意指某种存在方式、某种习惯性状态,尤其是身体的状态,还包括某种性情倾向、某种趋向、某种习性、某种爱好。他后来进一步补充说:"我说的是惯习(habitus),而不是习惯(habit),就是说,是深刻地存在在性情倾向系统中的、作为一种技艺存在的生成性(即使不说是创造性的)能力,是完完全全从实践操持的意义上来说,尤其是把它看作某种创造性艺术。"③虽然他反复地强调惯习的实践性甚至创造性的一面,但是正是惯习的延续造成了再生产,而不是惯习的实践或改变。惯习何以在新的学校空间中没有得到改变、生成或创造,而只是得到了延续? 仅仅将其还原为结构力量的强大显然是不合适的。我们认为应该将学校空间作为一个重要的变量加以考察。

首先,在以绩效主义主导的学校空间,事实上对于不同群体的学生来说都会存在学业上的或大或小的障碍或困难,而不是从一开始就建立了文化的排斥,或者说,即便有文化上的距离也并不能保证中上阶层的孩子就一定能在学校中一帆风顺。鲍曼认为,贫穷现象不能仅仅简单化为物质的剥夺和身体的灾难,它还是一种境况和心理,是对自身生存处境的体验与认同,只有地

---

① [英]保罗·威利斯.学做工:工人阶级子弟为何继承父业[M].秘舒,凌旻华,译.南京:译林出版社,2013:21.
② [法]布尔迪厄.国家精英:名牌大学与群体精神[M].杨亚平,译.北京:商务印书馆,2004.
③ [法]布迪厄,[美]华康德.实践与反思:反思社会学导引[M].李猛,李康,译.北京:中央编译出版社,1998:165.

位关系在自主意识的情境中得以再现时,地位关系才真正被再生产。在学习的进程中,尤其是面对学业的困难等问题时,惯习及家庭的文化资本被激活,不同群体学生有了不同的应对,这直接决定了他们在学校中的处境和持续的学习体验。

其次,这一处境所带来的体认是一种长时段的累积。之所以强调时间的维度,是因为在时间的维度上,我们才能看到体认被累积的效应,一种通过内卷化的方式不断完成的低水平重复,甚至是强化和倒退。这已经不是惯习的延续所能概括的,而是一种时间化了的实践,实践活动未必被筹划但却合乎情理、富于意义,既有对历史惯习的沉淀,又有未来现实的生产。学校在这一时间维度上原本是可以有所作为的,哪怕初始的习性再顽强,也有改变的可能,但是正如上文所提到的在持续的教学过程中的分化和差异,以及家庭主义的盛行,导致学校的作为有限,缺少了来自学校的支持力量,处于底层的学生在学校空间完成超越变得异常困难。

最后,需要重视长时段的累积所带来的重塑的力量。行动者不是从一而终或固定不变的,行动者须经由日常生活的实践作为,去建构自己的身份认同及思想观念,然后付诸实现,所处的历史时空不同,实践的结果就有差异。当文化资本的缺失转变成为一种日常的学习实践,它自然而有力地塑造着身处其间的人们的认知和性情。也正是在这个意义上,内卷化的再生产的力量恰恰不在于继承,也不在于排斥,而体现于学生在学校空间中的持续的重新塑造。正是这样的重新塑造又将行动者牢牢固定在了那个他们努力超越的位置上。

(二) 文化的张力及突破的可能

不管是文化专断中的选择,还是文化抗拒中的吊诡,抑或是上述文化认同中的内卷化体认,底层群体似乎都难逃阶层再生产的魔咒。难道真的无路可逃了吗?如果说文化再生产向我们揭示了再生产极为隐蔽、深刻又具合法性的一面,那它同时也向我们昭示着因为隐蔽、合法而产生的间接关系,以及由此间接关系所形成的文化的张力。

首先,文化的张力体现在文化价值的丰富性。文化的主导阶层并非铁板一块,因此文化主导阶层与学校对教育的理念、目标、方法等未必一致,比如当前中国的不同阶层之间对学校的期望和目标就形成了比较大的分裂:中下阶层更倾向于绩效主导下的应试教育,而中上阶层更欣赏能力主导下的素质教育。因此学校主流的文化价值未必是中上阶层所期待的文化专断意义上的文化,更何况还受到国家对教育文化价值的调控。所以我们不能假设优势阶层子代在家庭养成的原初习性就一定与其学校的文化专断一致,从而低估了高文化资本家庭借教育再生产阶层优势的难度。同样,我们也不能假设中下阶层子代与学校的文化专断之间一定断裂,从而高估了低文化资本家庭借教育实现阶层突破的难度。

其次,文化的张力体现在以文化为载体的文化资本的一种"身体形式"(embodied form),这种形式相比于文化资本的其他两种形式——"客观形式"(objective form)和"制度形式"(institutional form),更依赖于行动者的亲自投入和习得。身体形式的文化资本是指经过行动者的学习劳动过程而习得的知识、技术及能力,一旦习得后,资本与资本拥有者的身心融合,成为他们习性的一部分。身体形式的文化资本可以经过有意识的训练培养,也可以通过长时间的耳濡目染获得,但是不管是哪种习得都必须亲力亲为,亲自学习才能够习得,它的习得过程绝对不能假手于人,也不可能通过其他资本直接交换、购买获得,因此想要获得或者继承此类文化资本,除了亲自操刀、投入时间及努力学习外别无他法。① 这一特性增加了阶层再生产的不确定性,因为此类资本的获得和积累必须当事人亲自投入学习,优势阶层的孩子如果不愿投入时间及努力学习或者因为资质有限而学不会,他们还是无法积累足够的文化资本,并且就这种身体形式的文化资本而言,很难直接用金钱等来获得和补救。因此,即使文化资本丰厚的家庭也没有绝对的把握保证下一代能习得有价值的身体形式的文化资本以及取得高学历。

再次,文化的张力体现在惯习并非一成不变。"由于惯习是历史的产物,

---

① Bourdieu P. The Forms of Capital[M]//*Richardson J G. Handbook of Theory and Research for the Sociology of Education.* Westport: Greenwood Press, 1986:241-258.

第四章
内卷与开放：学生文化的学校生产

所以它是一个开放的性情倾向系统，不断地随经验而变，从而在这些经验的影响下不断地强化，或是调整自己的结构。它是稳定持久的，但不是永久不变的！"①当行动者进入学校，而且时间够久时，惯习也会逐渐改变，因为行动者也需要内化学校的结构属性，为原有的惯习添加新的元素。"习性是持久地配备了有规则即兴之作的生成动力，作为实践感，它使制度中的客观化意义恢复活力。"②行动者不是像在社会背景之外的原子那样行动，也不是墨守成规地遵循已占有的社会类别为他们撰写的脚本而行动。相反，他们通过各种实践尝试，以嵌入各种具体的、持续的社会空间与关系系统之中。正是行动取向在个体与结构两极之间的张力，既赋予行动者社会性，也赋予其独特的自主性和丰富性。惯习改变的可能性取决于不同社会空间之间结构属性的差异程度，差异化越大则新社会空间的强制性就越大，反之则越弱。③ 换句话说，家庭文化与学校文化之间的差异越大，一方面原初习性与学校之间可能距离更远，但另一方面受到学校的强制力也越大，改变的可能性也越大。对于具有不利地位的家庭而言，积极认同学校文化价值恰恰是其最合理的选择。如果能够充分习得学校文化，其受家庭影响形成的惯习会在学校教育的作用之下，虽不能说可以完全脱离原有的客观条件完成蜕变，但也一定不是原初条件下的简单延续。学校能够为社会底层的子女提供跨越社会阶层之间的文化障碍，实现向上流动的空间和可能性。

最后，文化的张力也体现在学校作为行动者的价值选择。布迪厄和帕斯隆在研究作为继承人的大学生群体时，曾发出过这样的感慨：对出身于最低阶层的人来说，学校是接受文化的唯一和仅有的途径，在各级教育中都是如此。不过，如果学校不理睬、不助长在文化面前最初的不平等，如果学校不是为了那种不具平民色彩的文化而经常贬低它所传播的文化，比如抱怨学校工作过于"学校化"，并且因此而徒有便当和宽厚的外表，那么它就可能成为文

---

① ［法］布迪厄，［美］华康德.实践与反思：反思社会学导引［M］.李猛，李康，译.北京：中央编译出版社，1998：178.
② ［法］皮埃尔·布迪厄.实践感［M］.蒋梓骅，译.南京：译林出版社，2003：87.
③ 姜添辉.文化再生产模式与文化流动模式的争辩：惯习在不公平教育结果的角色［J］.当代教育与文化，2018(6)：1-10.

化民主化的最佳途径。① 再生产的研究也指出,根据学校对待学生"原初习性"——从原生家庭及出身阶级培养出来的习性——的态度可区分两种类型的教育。一种是肯定学生的原初习性,让具备类似学校"文化专断"的学生可以如鱼得水地继续接受熏陶,进而继承优越的社会地位,这一类型的教育被称为"维旧式"教育,目的是维持原有的秩序、巩固既有阶层关系。另一类型的目的是转化,试图以新的习性取代旧有的原初习性,使人能够脱离原有文化和重新接受新文化。② 这一切都取决于学校以及学校背后的教育系统乃至国家、社会的价值立场。

涂尔干在《宗教生活的基本形式》里提出:关于文化,就没有什么普遍性的东西吗? 有,那就是苦行(ascesis)。不管什么地方的文化,都是以自然为对立面建构起来的,也就是说,通过艰辛的努力、反复的摸索和深重的磨难,换回了文化。③ 也正是在这个意义上,文化本身就意味着实践,意味着不断地突破。

(三) 学业成败之外的想象:生活政治与个体实践

"在每一个地方,我们都遭遇到认同的论述。而且,不只是认同,这些讨论还涉及认同的变迁:新认同的出现,旧认同的复苏,既有认同的转变。"④认同并非现代社会独有,对于人类而言,认同是一个古老而崭新的话题,这一话题最早可以追溯到苏格拉底的箴言"认识你自己"。认识自己是将目光反射性地投向自身,是对自我的追寻,表达了期望通过自身的反思性理解来构建自我的内在诉求,这就是认同化的过程。作为一个古老的议题,它始终困扰着人类。到了现代社会,它被具体化为以下问题:"我是谁?""我从哪里来?""我到哪里去?"这些问题直指每个人作为有意识存在的生命体的价值和意义的根本,对于人类来说,它尖锐而深刻。就学生个体而言,为建构自身的认

---

① [法] 布尔迪约,帕斯隆.继承人:大学生与文化[M].邢克超,译.北京:商务印书馆,2002:24.
② [法] 布尔迪约,帕斯隆.再生产:一种教育系统理论的要点[M].邢克超,译.北京:商务印书馆,2002:50-54.
③ [法] 布迪厄,[美] 华康德.实践与反思:反思社会学导引[M].李猛,李康,译.北京:中央编译出版社,1998:123.
④ [英] 理查·詹金斯.社会认同[M].王志弘,许妍飞,译.台北:巨流出版社,2006:10.

第四章
内卷与开放:学生文化的学校生产

同,他们需要通过自我反思与自我重建,促成自我实现的生活方式,在被社会结构化的同时对社会进行建构,展开每一个的"生活政治"。

这种生活政治既体现于威利斯提到的文化抗拒,又不完全是这样一种消极的文化抗拒。"所谓抗拒,不是说凡事都要抗争到底,两败俱伤在所不惜,或是做些最后还是回到原点的无谓反抗。"① 人们总是以复杂、矛盾而又主动的方式,经营自己的位子;他们会再制自己的附属地位,也会抗拒自己的附属地位;他们会依其所能想到的可能及资源,设法转化及改进自己的地位;他们会跟自己的附属地位同在、同存并与之抗争,会竭尽所能地处理自己既有的一切,争取更多一点儿对自己生活的控制,以延展自己、扩展资源。抗拒多少带有冒险的成分,但是能够从事积极的抗拒,也多少代表自我肯定的开始。学校教育应帮助其走出限制、跨越边界、展开对话,以更努力、更清醒的态度投入学习、生活中。

这种生活政治也意味着个体力量的觉醒和成长。作为底层群体需要更清醒地认识到:不管在什么阶段,分层是常态,想要成功,除了付出比别人更多的努力与辛苦外别无他途。这种努力与辛苦需要在学校教育中被肯定、被看到并被点拨。为了防止其陷入无望的内卷与挣扎,学校教育应帮助学生增强自身的力量。《山彦学校》曾经记录了日本教育中的这种努力:通过让学生写与自己生活紧紧贴在一起的作文,让孩子直面现实,不回避生活,不回避自己,把自己的生活原汁原味地呈现出来,以使学生透过残酷的现实产生来自学生自己的反省能力,从而唤醒学生的力量,让孩子们拥有一种选择的力量和判断的力量,增强自我决定的能力。② 学校的教师、课程等都应深入思考对应的策略:如何让教育关注、回答和解决底层群体学生切身的日常生活问题与困惑,由此增加学生对自己生存现实的问题意识和理性认识,让学生恰当地估计困难,理性地设计未来,既认识到自身的局限、问题,也能有内在的觉醒与改变的勇气。教师应该鼓励底层群体的子代们,能够批判性地检讨自己的文化,进而主动地与优势文化、官方知识展开对话。"透过这种辩证式的

---

① 张建成.批判的教育社会学[M].台北:学富文化事业有限公司,2002:61.
② 贺晓星.《山彦学校》的故事——生活缀方运动的教育社会学意义[J].北京大学教育评论,2007(3):117-137.

对话与实践,不仅底层群体的学生可以更为清楚地认识自己以及周遭的世界,所有的师生也都能因此获得批判反省的学习机会,有助于大家跨越自己的文化界域以及社会建构的其他边界,创造更为宽阔的发展空间。"[1]教育是个人发展的助推器,我们期望通过教育可以改变那些我们自己无法决定的先天条件,发展那些我们自己拥有的与众不同!

---

[1] 张建成.批判的教育社会学[M].台北:学富文化事业有限公司,2002:54.

第五章

超越『再生产』：学校的教育公平实践

第五章
超越"再生产":学校的教育公平实践

在教育社会学的研究脉络中,学校教育与社会不平等秩序的关系问题一直是一个既重要又复杂的问题,相关的研究多如牛毛,但解释清楚问题的症结却并不是件简单容易的事。道格拉斯·唐尼(Douglas B. Downey)等人在对教育不平等文献做出梳理后概括说:"目前教育社会学关于学校与不平等关系的理论仍处于'眩晕'状态,学校只是再生产了业已存在的不平等,还是放大了抑或减小了这种不平等?"[1]造成这种困惑的原因是我们无法分离以下三种效应:一是家庭与学校对学生的双重影响无法有效分离,二是学校实践过程中分化机制与补偿机制之间的较量没有得到充分呈现,三是学校所导致的不平等效应与无校状态下的不平等效应无法展开比较。道格拉斯·唐尼等人进行了近乎底线式的追问:"如果不存在学校,不平等又会如何发展?"言下之意:尽管学校之间质量千差万别导致了学生的分化,但是学校缺席所导致的不平等可能更大。以此让人们重新审视学校的复杂及其可能的作用。

一 "学校再生产"何以可能?

自20世纪60年代科尔曼报告以来,人们意识到:比起由学生的社会出身所导致的学业差异,学校对学生学业差异的影响几乎可以忽略不计。由此,关于教育不平等的讨论指向教育之外,教育系统被认为是没有问题的,有问题的是家庭是否有能力让孩子从学校中获益。当布迪厄和帕斯隆在20世

---

[1] Downey D B, Condron D J. Fifty Years Since the Coleman Report: Rethinking the Relationship Between Schools and Inequality[J]. *Sociology of Education*, 2016(3): 207-220.

纪70年代开宗明义点出学校教育系统的"再生产"作用时①,学校才被推上前台。"这种将学校看作是导致社会不平等的引擎作用和关键过程的批判观点主宰了当代教育社会学。"②教育系统被布迪厄视为控制当代社会阶层地位的主要机构,在社会分层中发挥核心作用,学校为生产、消费以及各种形式的文化资本的积累提供了基本的机构性的背景。扩展到更广的劳动力市场,教育文凭通过为不同阶层内部的身份差异提供至关重要的资源,而成为工业社会新的分层根源。从财产的直接继承到依赖于经济特权的文化传递,投资教育赋予了上层阶级的子弟更强大、回报率更高的机会。教育文凭作为劳动力市场硬通货的作用不断增长,使得教育尤其是高等教育成为富有吸引力的投资。由此,获得知识作为一种社会标记和使不平等合法化的功能,使再生产模式如日中天。③布迪厄将其描述为从再生产的"家庭"模式转向再生产的"学校"模式。④转向学校再生产的模式预示着,学校教育系统比起其他社会系统对于现代社会的不平等负有更多的责任。那么,学校究竟通过什么方式实现了再生产呢?

首先是学校的分化机制,它既包括学校之间的分层,也包括学校之内的分类。一方面,柯林斯(Collins)等人认为:"在学校中,不同背景的孩子之所以有不同的学习表现,事实上是因为他们并未接受相同的学校教育历程……一般而言,他们所受的教育形式,带领着他们走向原来出身的背景——他们原本社会阶层地位的优劣。当他们选择的过程单纯地被理解为选择的事件时,其实教育系统层面之下的学习强烈指出其他影响选择的可能性条件。"⑤各种制度安排或社会安排使得学校的分层得以可能,学校在城乡之间、公私

---

① [法]布尔迪约,帕斯隆.再生产:一种教育系统理论的要点[M].邢克超,译.北京:商务印书馆,2002.
② Downey D B, Condron D J. Fifty Years Since the Coleman Report: Rethinking the Relationship Between Schools and Inequality[J]. *Sociology of Education*, 2016(3):207-220.
③ [法]杜里-柏拉,[英]让丹.学校社会学[M].汪凌,译.上海:华东师范大学出版社,2001:70.
④ [法]布尔迪约,帕斯隆.再生产:一种教育系统理论的要点[M].邢克超,译.北京:商务印书馆,2002.
⑤ Collins C, Kenway J, McLeod J. Factors Influencing the Educational Performance of Males and Females in School and Their Initial Destinations After Leaving School[D]. Deakin University, 2000.

第五章
超越"再生产":学校的教育公平实践

立之间、不同区域之间呈现出的分层结构,使来自不同地域、不同经济地位的学生获得了并不一致的教育过程。反过来,教育机构尤其是高等教育的类型和声望对于其后的职业影响至关重要,普通大学与重点高校之间尖锐的身份差异"既是学术的,更是社会的"。① 虽然不管是在基础教育领域还是在高等教育方面,入学机会呈现总体扩大的趋势,但教育内部以及学校之间却呈现更为深刻的分化和分层。不同阶层背景的学生围绕学历展开激烈的竞争。"优势阶层为他们的再生产而大力加强他们对教育系统的利用这个事实无疑大大推动了竞争的强化,这些变化的后果是学校教育突飞猛进以及教育系统本身的所有相应变化。"② 此前很少利用学校的阶层也进入了为学历的竞赛和竞争之中,他们的进入迫使主要或专门由学校得到保证的优势阶层加大投入,从而保持其学历的相对稀缺性,并保持他们在阶级结构中的位置,学历和提供学历的学校教育系统因此成为阶级之间竞争的特别重要的赌注之一,这个赌注引起了教育需求的一种普遍和持续的增长以及学历的贬值。③ 另一方面,学校之内通过分类完成再生产,布迪厄曾尖锐地指出:"在一个分化的社会中,学校系统是这样的场所,在这里所生产的思想体系,不过是'原始的分类形式'的表面看来更加复杂的对应物而已。"④ 教育系统作为机构化的分类者,本身连接着客观化的等级系统。布迪厄在《区隔》一书中细致地描述了这种分化:教育通过对应于社会阶层及其分化的水平而分裂为各种专业与学科,这些专业与学科反映着社会的无限分化,比如理论与实践的对立、概念与技巧的对立,把社会的等级划分转化为学术的等级划分(虽然带着表面的中立性),并确立着一种等级,它不被经验为纯技术的等级,而是被经验为整体性的等级,是以自然为基础的,所以社会价值逐渐被等同于"个人的"价值,学术的尊贵被等同于社会的尊贵。⑤ 教育机构作为一种庞大的认知机器发挥

---

① [法]布尔迪厄.国家精英:名牌大学与群体精神[M].杨亚平,译.北京:商务印书馆,2004.
② [法]皮埃尔·布尔迪厄.区分:判断力的社会批判[M].刘晖,译.北京:商务印书馆,2015:211.
③ [法]皮埃尔·布尔迪厄.区分:判断力的社会批判[M].刘晖,译.北京:商务印书馆,2015:212.
④ [美]戴维·斯沃茨.文化与权力:布尔迪厄的社会学[M].陶东风,译.上海:上海译文出版社,2006.
⑤ [法]皮埃尔·布尔迪厄.区分:判断力的社会批判[M].刘晖,译.北京:商务印书馆,2015:519-520.

作用,在技术中立的外表下,强加一种基本的知识分类和趣味分类,从而联系了社会的阶层分化。

其次是学校的排斥机制。伯恩斯坦的"编码理论"与布迪厄的"符号暴力理论"都指出并分析了学校在知识与文化上的排斥。制度化的学校教育通过赋予某些知识和文化以合法的地位和权力,从而在学校的教育过程中有意无意地贬低另一些知识和文化。学生学业的成功与否取决于学生原有的知识文化与学校主导的知识文化之间的距离,尤其是语言资本成为排斥机制最隐蔽的中介:比如强调精致语言编码的学校会让不具备精致语言编码的学生显得笨拙不堪;掌握精妙语言风格和文化原则的人会让那些不具备此种文化风格的人显得格格不入。学校正是通过学生在修辞方法、表情动作、发音风格、语调旋律、词汇掌握或措辞形式等方面的差异悄悄地展开排斥。虽然下层阶级的幸存者依靠聪明才智、个人努力获得了以学校教育为基础的文化资本,弥补了他们原先文化资本的缺乏,但这些学生在那些要求具备广泛文化知识的考试中并不能获得同样高的分数,原因是他们缺乏上层阶级同学的文化背景,虽然学术上成功了,但是下层阶级的学生由于其文化风格过于学究化而经常遭到嘲笑。① 这些身体化了的文化资本就像人们写字的笔迹一样,无论使用什么样的笔,写在什么样的材料上,都很容易得到辨认。② 它塑造了不同的品味、言谈、举止和仪表,从而在学校教育的评价与选拔中被不断地加以甄别、强化并做出选择。

最后是学校的转化机制。面对现代社会愈发强烈的民主化、平等化主张,两代人之间想要简单直接地继承经济财富与权力地位变得越来越困难,因此把家庭的经济资本转化为以学校能力及学历文凭形式存在的文化资本变得必要。因此,课程表、教学大纲和教科书看似都是经过专家们精心设计的良方,但其实只不过是一种障眼法。学校教育就是为了让人们把合法文化当作唯一的文化或普遍的文化,把优势阶层的品位转换成具有独立价值的真理

---

① [法]布尔迪约,帕斯隆.再生产:一种教育系统理论的要点[M].邢克超,译.北京:商务印书馆,2002:126-135.
② [法]皮埃尔·布尔迪厄.区分:判断力的社会批判[M].刘晖,译.北京:商务印书馆,2015:245-250.

第五章
超越"再生产":学校的教育公平实践

或知识,而且被学校中看似中立自主的行动者加以神圣化。布迪厄在考察了学校内部的筛选和教学过程后说道:学校既不是中性的,也不是仅仅反映更大的权力关系,而是在维持与强化这种关系时扮演复杂而间接的中介作用。① 文化资本所具有的转化能力及惯习所具有的实践倾向性为布迪厄解释学校中介和转化提供了概念工具。学校通过惯习的传递使得文化资本变得有效,学业的成功被看成是个人能力的胜出,教育的选择看似通过自我选择而产生,事实上包含了惯习的作用。由此,来自不同家庭或阶层背景的学生又重新延续和再生产了其原有的地位,同时由于经过了学校的中介作用,这种对应性变得并不直接,其真实的关系被掩盖而获得了合法性。学校场域所扮演的这种再生产角色之所以有效,某种程度上正是因为其表现出对于阶层再生产没有作用。正是学校教育工作的这种略显吊诡的功能,巧妙地完成了现有秩序再生产的合法化。

二 "学校再生产"如何不可能?

揭示并批判这个世界的不公平相对简单,但是要发现并找到解决这些不公平的方法才让人心动。在此,不是要否认学校再生产这一事实,而是再生产理论产生了被杜里-柏拉等人所称的"篱笆效应"②;这些再生产理论认为学校是为再生产服务的,这是对学校具体情境与具体运作的漠视。学生的社会条件与其学业历程的关系是行动者具体实践的结果,这些行动者按照自己的利益和在学校中发现的利害风险来使用教育领域。通过具体的行为,如与教师的关系、学校的选择等,家庭试图调动其社会地位所赋予的所有王牌来为子女的教育提供优越的条件。因此,学校面前的不平等不是必需的、结构性的,不是一个"为此而存在的"学校运作的产物,而是各个社会群体为了维持

---

① [法] 布尔迪厄.国家精英:名牌大学与群体精神[M].杨亚平,译.北京:商务印书馆,2004:289.
② [法] 杜里-柏拉,[英] 让丹.学校社会学[M].汪凌,译.上海:华东师范大学出版社,2001:73.

自己的利益而发起的斗争产生的结果。对学校再生产作用的无情揭示和批判会带来以下两个问题。

其一,过于强调学校的重要性,导致将学校看成是问题所在而不是将学校本身视为结构性社会体制和政策文化框架下的一部分,这会将问题过于聚焦而恰恰忽视了学校背后更广泛、更深刻的作用力。伯恩斯坦在其研究的后期,重点考察了让学校的符号得以传递的各种论述规则和再脉络化机制,关注了国家、执政党及各利益团体之间的关系及论述,试图在更宏观的意义上解释学校何以如此再生产的原因。① 正是因为整个社会关系结构及文化价值的特性,学校的再生产才得以如此顺利地展开或者以如此这般的样态出现于不同的社会空间中。

其二,将学校与社会的关系看得过于机械化。再生产所关注到的是教育机构对业已存在的阶层秩序或社会秩序上的延续和保存作用,这也是其遭诟病的地方:一方面认为其无视那些借助学校教育完成阶层流动的可能群体;另一方面认为其将实践的各种复杂性统统归并为一套单一、普遍的再生产关系,而忽视了在其中的行动者。"主体非但拒绝躺下就死,还从事着未被理论所料及的行为。"②拉鲁等对于家庭文化资本激活的探讨给予了再生产更复杂化、更动态化的想象:家庭优势不能简单还原为家庭资本,如果资本不被激活,不与学校进行更多制度化的互动,那么优势的传递也未必成功。同时,优势有时也会带来更多的精神压力,针对不同的学生个体,优势未必就一定转变为优势。③ "复杂性"才是关键的核心,这要求我们以更为动态的眼光,在更为宏大的脉络下审视学校的再生产作用,并寻找可能的突破空间。

首先,我们应跳出学校空间关注更为宏大的制度脉络及其力量。其中从国家的角度来探讨突破再生产的可能性具有现实的意义,原因有三:第一,在

---

① Bernstein B. *Class, Codes and Control*, Vol.4: *The Structuring of Pedagogic Discourse*[M]. London: Routledge,1990; Bernstein B. *Pedagogy, Symbolic Control and Identity: Theory, Research, Critique*[M]. Rowman & Littlefield,2000.

② [澳]马尔利姆·沃特斯.现代社会学理论[M].杨善华,李康,汪洪波,等译.北京:华夏出版社,2000:138.

③ [美]安妮特·拉鲁.家庭优势:社会阶层与家长参与[M].吴重涵,熊苏春,张俊,译.南昌:江西教育出版社,2014.

第五章
超越"再生产":学校的教育公平实践

我国,国家对于教育政策、教育机会有着较大的掌控权。家庭的各类资本对于教育公平的影响只能在国家政策的范围内起作用,国家的宏观政治进程及由此制定的教育政策、制度安排,直接影响了家庭资本的有效性和作用方式,甚至影响学校教育的微观过程。阿彻(Archer)在研究了教育体系的社会根源时,曾指出,国家教育的结构形态对学校教育内容、方法及结果都构成重大影响,一切关于文化和社会再生产的讨论都不可忽略国家教育体系的作用,而按照阿彻的定义,国家教育体系深受政府掌控,不同社会教育的发展轨迹不同,教育体系的结构特征也不同。[①] 我国所实行的公立学校制度及均衡化政策,事实上已经减小了学校内部分化所带来的不平等。第二,国家是重要的教育利益主体,有着内在的教育目标,使其可以超越阶层或群体的利益,从国家的利益诸如秩序的整合、团结等角度调节教育的秩序,尤其是在面对市场化的教育竞争时,国家的调节作用更为突显。市场看似中立,似乎个人都由竞争性的交换取得稀有的货品和服务,在市场面前自由平等,但实质上却是掩盖了偏见,无视消费者进入市场前的不平等,在中立性的掩饰下,市场制度积极巩固且强化了家庭原有的优势和地位,从而再生产了不平等,因此市场是一个更为粗鄙的社会选择机制。然而在现代社会,市场又是一个强大的作用力量,唯有国家力量可以与之抗衡,并加以约束。第三,国家站在不同的立场,直接决定了教育阶层关系的不同模式。[②] 国家选择不同立场的条件是什么?笔者认为取决于社会秩序是稳定还是冲突、群体间的关系是团结还是断裂。因为教育同时具备排斥与整合的功能,当社会秩序需要维护、群体间的断裂需要弥合的时候,笼络和团结便成了教育需要发挥的主要功能,它表现在通过教育完成并促进下层精英的流动和对弱势的制度保护,从而能够有效地弥合不同群体间的裂隙,尤其让底层精英看到向上流动的可能和希望,也阻止了底层精英对现有秩序的不满和反抗。相反,如果社会秩序趋于稳定,群体间的断裂不明显,社会的共识大于冲突,国家需要教育发挥社会整合

[①] Archer M S. Social Origins of Educational Systems[M]//Richardon H G. *Handbook of Theory and Research for the Sociology of Education*. New York: Greenwood Press, 1986: 3-34.

[②] 刘精明. 国家、社会阶层与教育:教育获得的社会学研究[M]. 北京:中国人民大学出版社, 2005: 127-154.

功能的需求不是特别强烈时,那么通过教育而进行的排斥会有更多的发挥空间。

其次,我们在重新审视学校作为教育行动者的力量。再生产模式最大问题就是其抱有结构主义的静态观,即便给学校贴上"再生产"标签的布迪厄,也同样重视学校在文化上的自主性,并认为学校教育系统之所以发挥合法化的功能恰是因为其拥有自主性和独立性。① "这是因为,一个社会若按自身的形象来塑造其成员,最有力的工具便是教育。诚然,是家庭首先从整体上承纳了孩子,全面包容他,以自身的方式来形塑他。但是,如果我们考虑到在他第一次上学后,他身上所发生的那些重大变化,我们就会认识到,他的存在方式已经改变了,甚至连他的天性几乎都改变了。从那一刻起,他的身上就包含了一种名副其实的二重性。当他回到家中,父母会觉得他越来越不属于他们。父辈与子辈的代沟从此树立起来。这些服从于学校环境下的作息与训练的孩子们,这些年轻人,会越来越清楚地发现,在自己的家庭之外,还有那么一整个社会世界,自己要想在其中占得一席之地,就只能去适应它,融入它。就连家庭本身也逐渐被这个世界所改变。"② 这大概便是学校的魔力所在,也正因为学校拥有塑造人的力量,我们才在揭示了学校强大的再生产作用后依然对学校抱有最大的希望和想象。

三 超越"再生产":学校的教育公平实践

对学校再生产功能的揭示,不是为了受制于它,而恰恰是为了超越它。道格拉斯·唐尼等人在梳理了教育社会近几十年的文献后指出:"目前教育社会学文献最薄弱的地方在于——低估了学校的补偿功能。既然群体间的不平等在孩子进入幼儿园时已经有了一个强大的发展轨迹,那么学校是如何

---

① [法]布尔迪约,帕斯隆.再生产:一种教育系统理论的要点[M].邢克超,译.北京:商务印书馆,2002.

② [法]爱弥尔·涂尔干.教育思想的演进[M].李康,译.上海:上海人民出版社,2003:2.

第五章
超越"再生产":学校的教育公平实践

折射这条轨迹的呢?这是未来五十年需要弥补的空白。"① 阿普尔等人在对学校教育做了无情的揭示和批判后意识到,批判教育所面临的危机便是行动上的软弱无力,由此倡导批判教育作为"秘书"的角色,要参与、记录、描述并配合实践者的工作,推动日常生活中学校管理的结构、程序和课程教学上的改变,在实践中真正体现不同身份和文化差异上的平等。② 阿普尔的这种行动策略淡化了批判教育家们乌托邦的色彩,颇有杜威进步主义教育的风范。同为批判教育先锋的费莱雷指出,教育应该给个体和社会创造"希望",我们应警惕教育中严重的功利化、市场化、庸俗化和工具化倾向。③ 只侧重于关注教育的排斥功能,而不同时思考其平等功能、发展功能、整合功能,只会因片面而狭隘。我们要关注的正是:各个功能实现的条件分别是什么?在平等与发展、整合与排斥之间是否真的彼此矛盾?或者,这些功能的彼此矛盾才是教育的常态?因此,对学校教育的反思和批判不是为了让人们远离学校,事实上也不可能,而是为了让人们更清晰地认识学校,更清醒地参与教育,并寻找可能的突破:学校本身的文化资源、教师资源、课程资源为什么就不能等同于家庭的文化资源发挥作用?如何激活学校的资本?学校与学生、教师与学生、知识与学生的互动能否成为家庭之外社会阶层形成过程的生命线?

(一) 把学校带回来:在"平等"与"卓越"之间

布迪厄曾将学校比作"麦克斯韦妖魔"④,麦克斯韦在说明热力学第二定律如何可能被中止时用了一个比喻:在多少有点热的,也就是有点快速运动的微粒中间,有一个妖魔来到它们面前,进行拣选,把速度最快的那些送入一个容器,容器里的温度就升高,把速度慢的放进另一个容器,那里的温度就下降了。学校体系就是以麦克斯韦妖魔的方式在运作:通过一系列挑选,它把

---

① Downey D B, Condron D J. Fifty Years Since the Coleman Report: Rethinking the Relationship Between Schools and Inequality[J]. *Sociology of Education*, 2016(3): 207-220.
② [美]迈克尔·W.阿普尔.文化政治与教育[M].阎光才,等译.北京:教育科学出版社,2005.
③ [巴西]保罗·弗莱雷.被压迫者教育学[M].顾建新,等译.上海:华东师范大学出版社,2014.
④ [法]皮埃尔·布尔迪厄.实践理性:关于行为理论[M].谭立德,译.北京:生活·读书·新知三联书店,2007:23-24.

承袭文化资本的持有者与那些学有这种文化资本的人区分开来,从承袭的资本来看,才能的差异与社会差异是不可分离的,承袭的资本将维持先已存在的社会差异。如果学校如麦克斯韦的妖魔一样仅仅完成挑挑拣拣的工作,仅仅充当过滤器,仅仅围绕竞争性的考试进行长期的准备,促使学生把自己的兴趣都限制在有助于考试的东西上,而没有自己的勇气、立场和追求,不考虑以组织化的力量对抗短视、速成、功利和再制,那么学校教育就既不是在追求平等,也不可能实现卓越。

关于教育平等,论说者众多,但都离不开一个基本的立场和主张,那就是每个人应享有质量相当的教育机会,不能因为个人身份、性别、阶层或种族的差别而有所不同。虽然新教育社会学及其之后的教育社会学的研究发现,给孩子们提供了质量相当的教育机会,甚至有了诸多的补偿措施,但是处境不利群体孩子的学业失败依然显见,因此他们转而检讨学校之外的各种条件和限制,以及反省学校内在的机制和文化,并且悲观地认为"学校对社会无能为力"①。不管是基于校外因素的探讨,还是着眼校内因素的审视,事实上都无法精确地说明学校教育在改变或维持学生原初的不平等方面究竟贡献了多少。换句话说,即便孩子们因家庭出身在学校表现为学业失败也未必就证明学校无效,因为消除原初的差异和缩小原初的差异都能说明学校的作用,前者是显见的,而后者却往往得不到足够的测量和重视,从而被误读为是学校的有意为之或无能为力。

即便揭示了学校教育过程的不平等,笔者依然认为:学校既不是制造不平等的罪魁祸首,也不是促进平等的救世良药。理性地看待学校教育,审视学校教育的应有之义,厘清学校教育的可为与不可为,显得必要且重要。现代社会,在学生的家庭出身与其可能的未来之间,学校教育依然是一个重要的变量。追求教育起点处的机会平等并不是学校教育的目的所在,也不是学校教育自身所能左右的,学校教育自身的可为之处体现在教育过程中对卓越的追求。学校教育的核心是帮助这些来自不同家庭、不同阶层、不同地域的

---

① Bernstein B. *Class, Codes and Control Vol. 3: Towards a Theory of Educational Transmissions*[M]. London: Routledge, 1977.

第五章
超越"再生产":学校的教育公平实践

孩子超越自己的过去,与自己的未来之间尽可能实现更大的跨越,成为更好的自己,而不是和别人一样,或者认为自己只能如此,学校教育应让学生透过教育追寻更广阔的人生目标和人生可能。

对学校而言,追求卓越一方面体现为"适合"层面的各安其位。这意味着依据学生个人已有的能力和条件,给予适合的教育,促进每个人的潜能和才华通过教育得以展现。通过学校教育的支持,每个人都能找到与自己的才能适合的安身立命之处,并能泰然处之,拥有各安其位的从容。仅仅施行因材施教式的适合教育显然无法超越再生产的牢笼,追求卓越的另一面向体现在"超越"层面的自我实现,学校不仅提供适合的教育,而且提供较高的期望和支持,并尽全力帮助孩子们实现,让每个孩子都有机会不以自身设限,超越自身。布迪厄在考察了学校教育过程的再生产后坦言:"如果人们同意,真正民主的教育,是以使尽可能多的人,在尽可能短的时间里,尽可能全面和完整地,掌握尽可能多的形成某一特定时刻学校文化的能力为无条件目的的教育,人们就会发现,这一教育既反对以培养和选择出身优越的精英为方向的传统教育,也反对面向按一定规格批量生产专家的技术统治论的教育。"[①]学校教育过程的公平实践既需要反对起点的不均,也需要反对标准化的一致。批量和一致并不导致平等和公平,"一种真正具有合理性的教学方法,即以文化不平等社会学为基础的方法,则可有助于减少在教育和文化面前的不平等"[②]。正是在这个意义上,学校教育过程的公平实践不以"平等"为准则,而以"卓越"为目标,才是可以理解的,恰恰是这种回到教育本源、回到学校可为之处的考量,方能体现学校的力量,方能给予孩子们家庭之外最重要的支持和指引,实现孩子们个人意义上的适合与超越,也能趋近社会意义上更为现实的平等。

(二) 把教师带回来:在"实践"与"反思"之间

对于结构主义者来说,学校之外的结构力量决定了学校的面貌,而学校

---

① [法]布尔迪约,帕斯隆.继承人:大学生与文化[M].邢克超,译.北京:商务印书馆,2002:98.
② [法]布尔迪约,帕斯隆.继承人:大学生与文化[M].邢克超,译.北京:商务印书馆,2002:98-99.

本身又成为师生行动的决定因素;而在行动主义者看来,恰恰相反,教育系统的结构秩序不是原因,而是作为行动者的学校以及其他教育主体行动的结果,学校的运作方式更不是师生行动的决定力量,而是身处学校空间的师生日常实践的结果。"再生产"理论遭受的最大诟病恰在于它对于结构力量的强调和无法挣脱,带有悲观的终结主义色彩。面对结构的束缚,行动者并非消极无能,行动者的实践也并不能完全还原为社会的特性。行动者并不像海德格尔所描述的那样,是被从暗处扼住的抽象存在,也不是胡塞尔所谓的被剥光了感性的灵胎;既不是福柯考古化石上的印痕,也不纯然像马克思所说的那样,是被总体化了的阶级意志,行动者更是他自己历史的创造者,是被他创造又创造他的现实的显形。① 因此批判教育学者们把着力点放在作为行动者的教师身上,企图通过教师的转化,构想学校教育的文化政治实践角色,由此对抗整体性的不平等秩序。在学校教育退化为职业训练和没完没了的考试的时代,学校教育最为重要的事情,是把教学看作更广泛的民主事业的组成部分。教师应该给学生装备各种知识和技能以便进入劳动力市场。但是,也应该教育学生抗争劳动场所的不平等,民主地构想劳动的组织形式,识别和挑战与自由、平等这些最基本的原则相矛盾并削弱这些原则的各种不公正。让学生积极地加入理解和构成支配他们生活的力量之中。② 这样的声音称得上振聋发聩,但是其内在的逻辑与威利斯笔下的家伙们的反文化逻辑一脉相承,只是前者由教师激活,后者由学生自己洞察并生产。这样的文化生产究竟在多大意义上能够完成对再生产的超越,威利斯的研究已经给出了答案,虽然我们并不否定学生拥有文化生产自主性的重要意义。同时,教师作为知识分子在现实中究竟有多少实现的可能性需要打上问号,这与其说是作为行动者的转化路径,不如说是一种美好的乌托邦设想。

不过吉鲁等人的研究依然给人启示,他们将教师推到前台,彰显教师作为行动者的力量。教师是教育实践的最终实施者,教育究竟有怎样的价值,

---

① 高水红."旁观者"知识学与"参与者"知识学[J].南京师范大学学报(社会科学版),2008(3):72-81.
② [美]亨利·A.吉鲁.教师作为知识分子:迈向批判教育学[M].朱红文,译.北京:教育科学出版社,2008:序言5-6.

第五章
超越"再生产":学校的教育公平实践

取决于教师以什么方式去实施它。但教师仅仅作为行动者还远远不够,况且在涂尔干看来教师还很容易陷入自我复制的循环:教师会基于他对自己学校和学生时代的记忆来组织自己的教学。今天的教师会照搬自己过去的老师的做法,就像过去的教师也效仿他自己的老师一样。① 教育的目标是把学生变成属于他们时代的人,在这种漫无尽头的自我复制之中,想借助教师的力量引领学生的自我超越谈何容易?教师怎样才能担此重任?涂尔干认为,教师对于所教的内容不仅要赞同它,还要关心它;不能仅仅是严谨细致地规定好教师们必须去做什么,还要培养他们的评价与鉴别能力,使其能够把握要点,认清需要,关键在于不仅要引导他们去了解对于自己将要担负职责的教育过程中所牵涉的那些重大问题采用什么样的方法加以解决,而且要在同等程度上引导他们了解这些问题本身。而这样的引导只能来自于对教育理论的研习,因为教育理论是系统化的反思,"而反思才是循规蹈矩的天谴和宿敌。只需反思,就可以使习惯不至于变成固执、刻板、俨然神圣不可侵犯的东西。只需反思,就可以维持习惯的生命力,使它们保持灵活性和可塑性,从而有能力发生变化和演进,使自身适应情势和处境的变化。"②反思能展现行动者超越日常的惯习,使其能与已有秩序保持必要的距离和张力,能对那些深入骨髓的无意识或偏见进行辨识,能超越个人的属性,产生可能的超越。

在涂尔干所处的时代,他发现许多教育工作者要么以为教育工作会随着教学经验的累积而改进,所以轻视教育学,不认为需要对教育做系统及理性的反省;要么因为精通所教科目而自信能够胜任,所以对教育理论特别抗拒。涂尔干认为教育实践与教育理论之间并没有鸿沟,对教育实践有条理地反思就相当于探索教育理论。如果限制反思在教育实践中的作用,那就注定使教育实践陷于停滞。③ 教育反思不是抽象意义上纯粹的理论反省,而是对教育实践的分析、把握和控制,脱离了教育实践,教育反思便会成为无源之水,而没有了反思的教育实践,就变成了日复一日的机械劳作。在结构化理论看来,社会科学研究的主要领域既不是个体行动者的经验,也不是任何形式的

---

① [法]爱弥尔·涂尔干.教育思想的演进[M].李康,译.上海:上海人民出版社,2003:6.
② [法]爱弥尔·涂尔干.教育思想的演进[M].李康,译.上海:上海人民出版社,2003:6.
③ [法]爱弥尔·涂尔干.教育思想的演进[M].李康,译.上海:上海人民出版社,2003:6.

社会总体的存在,而是在时空向度上得到有序安排的各种社会实践。社会行动者正是通过这种反复创造社会实践的途径,来表现作为行动者的自身,同时,行动者们还借助这些活动,在活动过程中再生产出使它们得以发生的前提条件。① 拥有反思性的实践,才能洞察学校的再生产得以发生的前提条件,才能在结构的限制中真正找到行动者的力量,才能有效地处理学校知识与学生日常经验之间的裂隙。对教师们来说,只有在日常的教育教学实践中,反思教学展开的各种条件和机制,反思学生背后的各种可能和限制,才能带领学生超越已有的秩序,才能在日常的教育教学实践中完成再生产的突破。在这个意义上,拥有反思性实践能力的教师才真正拥有了行动者的力量,拥有了与更宏大结构进行对话的可能,拥有了激活知识和学校文化资本的可能,也拥有了引领学生完成自我实现和自我超越的可能。

(三) 把课程带回来:在"知识"与"求知"之间

20世纪70年代,新教育社会学曾借助知识社会学的视野,对课程知识的发问从"什么知识最有价值"转向"谁的知识最有价值",展开了对课程知识选择、组织、呈现等过程的探讨,知识只有被放置于"谁的立场"中才能被理解,由于课程知识所遵循的普遍性、逻辑性、抽象性等特征暗合了优势阶层的文化属性,对学校课程的选择成了教育机会不平等的选择机制,将不同群体的学生在学校的学业成败归之于在课程知识合法性包裹下的阶层筛选的作为,从而将教育分配的不平等转向学校教育的课程与教学问题。

将知识本身及其在教育中的角色视为"问题",这一知识社会学的启示无疑是有力的,但其批判却过于彻底了。不少人批驳这样的批判使课程知识陷入了"相对主义的深渊"和"不受控制的知识"的境地,也有人认为新教育社会学向一些近乎神圣的东西提出了挑战,因为它暗示,学校课程可能并不是对"文化中最精华"部分的一种良好选择,而是精英出于保全自己地位的利益角

---

① [英]安东尼·吉登斯.社会的构成:结构化理论大纲[M].李康,李猛,译.北京:生活·读书·新知三联书店,1998:61.

第五章
超越"再生产":学校的教育公平实践

度所做出的一种特殊的知识选择,它所带来的创伤便是人们不再相信知识。① 知识社会学的重要人物曼海姆在其即将完成对意识形态与乌托邦的考察时也说道:"在意识形态的问题被彻底地提出来,并将其所有的含义都思考透彻的时代里,人们如何可能继续思想及生活?"他自己回答道:"除了各种社会决定因素之外,或者我们在讨论各种社会决定因素时恰恰遗忘了一个不可消除的因素,那便是行动者,指出这一点,不是说要摒弃任何社会因素,而在于考虑必须以什么方式重新阐述知识的概念。"② 在教育领域,这样的困境显得更为突出,教育知识在选择过程中事实上无法脱离其社会性的一面,一旦脱离,课程知识本身就不存在了——不存在不经过任何选择的课程知识,因此对课程知识社会属性的揭示因当有其限度,否则容易陷入知识社会学"浪漫主义的沉思与悲观"。③ 新教育社会学的领军人物麦克·扬更是在参与了课程改革的实践后反省:将知识化约为知者及其立场和利益的意见话语,导致了对知识的普遍怀疑主义,这种怀疑主义演变成一种自我欺骗形式,嘲弄专门知识和知者。即使自己的生活越来越依赖专门知识,年轻人也从家长和传媒中学到了这种对知识的嘲弄和不信任,结果是年轻人贬低学校知识,认为它们不值得学,不再在学校中付出足够努力,从而导致学业失败。④ 由此,麦克·扬提出"把知识带回来",将学校课程看作一种潜在的"强有力的知识",它与学生带到学校中的知识是有差异的,正如伯恩斯坦所说,拥有这些"强有力的知识"能使学生产生思考那些"不可想象的"以及"还未想过的"问题的潜力。⑤

"把知识带回来"试图摆脱知识社会性的束缚,承认知识的客观性和权威性,以此应对教育过程的公平实践,从对"谁的知识?"的追问转向"知识何

---

① [英]麦克·扬.未来的课程[M].谢维和,王晓阳,等译.上海:华东师范大学出版社,2003:48.
② [德]卡尔·曼海姆.意识形态与乌托邦[M].黎鸣,李书崇,译.北京:商务印书馆,2000:301.
③ 高水红."旁观者"知识学与"参与者"知识学[J].南京师范大学学报(社会科学版),2008(3):72-82.
④ 许甜.知识与课程的"三种未来"——英国教育学家迈克·扬的课程观述评[J].北京教育学院学报,2017(5):19-28.
⑤ [英]迈克·扬.把知识带回来:教育社会学从社会建构主义到社会实在论的转向[M].朱旭东,等译.北京:教育科学出版社,2019:序言 5.

为?"的思考。对教育知识来说,知识不仅是知识本身——知识是谁的、知识是什么等问题,还应考虑教育知识究竟为了什么、为何存在、能做什么,这是课程设计的题中应有之义,也是课程设计的逻辑起点。因此,仅仅"把知识带回来"还不够,还要"把课程带回来"!麦克·扬在近期尤其发展了"强有力知识"的思想,其重心不止在知识,还在"强有力"[1]。研究者认为其对"强有力"的强调体现了知识与求知之间的分野,也体现了知识与课程的分野。课程不仅包括知识的内容,也包含了求知的方法,是一套学习的知识方法体系;知识是静态既定的,而求知则是动态开放的;知识是冷冰冰的,而求知的过程不仅有知识,还有传递者、接受者,不仅考虑知识的法定性,也关注知识的生成性。如果知识的社会分配在起点处就是不平等的,那么能否通过学校过程尽量减少这种不平等?求知超越于知识本位中不平等的知识秩序,也不限于能力本位中知识的自降身份,定位于"求知"的课程,应在如下几个方面着力,完成课程层面的教育公平实践。

其一,注重课程的开放性。开放意味着在知识层面,课程知识是一个内在自洽的知识体系,不自我设限、自降要求,而始终保持与学科知识和学科进展的互动,课程知识也要"求知",也需不断精进;在教师层面,领会课程知识教师既要依赖经验,也要不断与专业知识、教育学知识碰撞,教师也要不断"求知",才能完成自我超越,继而引导学生超越;在学生层面,能够正视学生的生活经验,允许学生经验与课程知识的距离,促进学生根据日常经验与课程知识对话,但课程不是学生的日常经验,课程的目标是带领学生达至课程。

其二,注重课程的方法性。方法并不意味着做事的能力,而是思考的能力,做事可以通过实践活动来训练,这虽很重要,但并不是教育的重心,教育的重点是教会学生思考,拥有了思考能力才会有创新。课程知识不是关于知识的简单、粗暴的传递和复制,课程知识本身有其内在的结构和方法,其内容组织、进度规则背后的依据、理念都应通过教师的传授而显形。学习课程不仅是掌握知识,也是掌握求知的方法、感受求知的乐趣。学生不断地从无知

[1] Young M, Lambert D. *Knowledge and the Future School——Curriculum and Social Justice*[M]. London: Bloomsbury, 2014.

第五章
超越"再生产":学校的教育公平实践

到有知,在通过课程获得系统知识的过程中,来理解和崇尚知识的价值,丰富自己的知识结构,提高自己获得、鉴赏、反思和应用知识的能力。要鼓励和帮助底层学生去努力、去拼搏,也要让他们会努力、会拼搏,更要让他们去思考努力和拼搏对于自己、对于更大的社会的真正意义,使他们能够理性认识自己、社会乃至人类文明的局限,有勇气、有方法面对它、改变它,让他们在无法获得家庭过多支持的情况下通过课程的帮助获得支持。

其三,注重课程的超越性。麦克·扬在审视了英国的课程改革后发现:那些以学生的学习兴趣及经验为逻辑起点,强调"教师的教"应服从于"学生的学"的课程,将日常生活知识、职业知识和学科知识以同等价值纳入课程体系中,似乎是出于善意的考量,考虑了来自不同社会阶层、拥有不同文化背景的差异,实际上只是将知识分配起点处的显性不平等转入"地下"。① 以降低学业标准而制造出让所有孩子好像都参与教育的假象,让学习变得像游戏一样简单、有趣,并不能对弱势家庭孩子超越自身生活环境提供任何帮助,只会让那些家庭支持力量不够,也无法通过其他途径完成学习的严格、艰辛历程的弱势家庭孩子以更加不为人知的方式上演阶层再制。以"求知"为起点的课程就是帮助孩子去获得那些在日常生活中无法获得的知识,超越学生的日常经验,提供给学生充分且有深度的知识。学校教育的目标是带领学生学习生活中难以学到的知识,使他们能够超越自身经验的局限,拥有在学校教育之外无法获得和创造的知识及改变社会的能力,从而使学校的课程知识本身成为学生一种重要的文化资本,使学生通过努力可以平等地享有这样的文化资本,以实现公平而有质量的教育,也为更大的社会公正目标贡献力量。

尽管课程的公平实践对于更广阔的教育不公和社会公正问题的解决可能有心无力,但它做了"学校所能做的事情"②。因此,研究者依然敬佩麦克·扬通过带回"强有力"知识以应对教育公平挑战的努力,虽然还有很多值得进一步探讨的空间,但这多少有点像当年韦伯面对无处可逃的现代性牢笼

---

① Young M, Lambert D. *Knowledge and the Future School——Curriculum and Social Justice*[M]. London:Bloomsbury,2014:60.
② 张建珍,许甜,大卫·伯兰特.论麦克·扬的"强有力的知识"[J].清华大学教育研究,2015(6):53-60.

的"不管不顾":一个人得确信,即使这个世界在他看来愚陋不堪,根本不值得他为之献身,他仍能无悔无怨;尽管面对这样的局面,他仍能够说"等着瞧吧!"只有做到了这一步,才能说他听到了政治的"召唤"。① 在面对社会阶层结构日益固化、阶层再生产的牢笼无力可破之际,我们多少也需要这样一种"不管不顾"的勇气!

---

① [德]马克斯·韦伯.学术与政治[M].冯克利,译.北京:外文出版社,1998:117.

参考文献

一、学术专著

[1] 杜赞奇.文化、权力与国家:1900—1942年的华北农村[M].王福明,译.南京:江苏人民出版社,2003.

[2] 费孝通.乡土中国 生育制度[M].北京:北京大学出版社,1998.

[3] 费孝通.江村经济:中国农民的生活[M].北京:商务印书馆,2005.

[4] 黄庭康.批判教育社会学九讲[M].北京:社会科学文献出版社,2017.

[5] 李强.社会分层十讲[M].北京:社会科学文献出版社,2008.

[6] 李书磊.村落中的"国家":文化变迁中的乡村学校[M].杭州:浙江人民出版社,1999.

[7] 刘精明.国家、社会阶层与教育——教育获得的社会学研究[M].北京:中国人民大学出版社,2005.

[8] 刘铁芳.乡土的逃离与回归——乡村教育的人文重建[M].福州:福建教育出版社,2008.

[9] 卢绍稷.中国现代教育[M].北京:商务印书馆,1934.

[10] 毛礼锐,沈灌群.中国教育通史(第六卷)[M].济南:山东教育出版社,1989.

[11] 孙立平.断裂——20世纪90年代以来的中国社会[M].北京:社会科学文献出版社,2003.

[12] 孙立平.重建社会:转型社会的秩序再造[M].北京:社会科学文献出版社,2009.

[13] 史秋霞.农民工子女教育过程与分层功能研究[M].北京:社会科学文献出版社,2017.

[14] 周晓虹.社会学与中国研究[M].南京:南京大学出版社,2011.

[15] 宋恩荣,主编.晏阳初全集(第1卷)[M].长沙:湖南教育出版社,1989.

[16] 余秀兰.中国教育的城乡差异:一种文化再生产现象的分析[M].北京:教育科学出版社,2004.

[17] 孙培青.中国教育史[M].上海:华东师范大学出版社,2000.

[18] 张人杰.国外教育社会学基本文选[M].上海:华东师范大学出版社,2009.

[19] 周雪光.国家与生活机遇:中国城市中的再分配与分层(1949—1994)[M].郝大海,等译.北京:中国人民大学出版社,2014.

[20] [美]迈克尔·W.阿普尔.教育与权力(第二版)[M].曲囡囡,等译.上海:华东师范大学出版社,2008.

[21] [美]迈克尔·W.阿普尔.文化政治与教育[M].阎光才,等译.北京:教育科学出版社,2005.

[22] [美]鲍尔斯,金蒂斯.资本主义美国的学校制度——教育改革与经济生活的矛盾[M].李锦旭,译.台北:桂冠图书有限公司,1989.

[23] [英]伯恩斯坦.阶级、符码与控制(第三卷):教育传递理论之建构[M].王瑞贤,译.台北:联经出版事业股份有限公司,2007.

[24] [英]B.伯恩斯坦.阶级、符码与控制(第四卷):教育论述之结构化[M].王瑞贤,译.台北:台湾编译馆与巨流有限公司,2006.

[25] [法]布迪厄,[美]华康德.实践与反思:反思社会学导引[M].李猛,李康,译.北京:中央编译出版社,1998.

[26] [法]布尔迪约,帕斯隆.再生产:一种教育系统理论的要点[M].邢克超,译.北京:商务印书馆,2002.

[27] [法]布尔迪约,帕斯隆.继承人:大学生与文化[M].邢克超,译.北京:商务印书馆,2002.

[28] [法]皮埃尔·布迪厄.实践感[M].蒋梓骅,译.南京:译林出版社,2003.

[29] [法]布尔迪厄.国家精英:名牌大学与群体精神[M].杨亚平,译.北

京:商务印书馆,2004.

[30] [法]皮埃尔·布尔迪厄.实践理性:关于行为理论[M].谭立德,译.北京:生活·读书·新知三联书店,2007.

[31] [法]皮埃尔·布尔迪厄.区分:判断力的社会批判[M].刘晖,译.北京:商务印书馆,2015.

[32] [法]玛丽·杜里-柏拉,让丹.学校社会学[M].汪凌,译.上海:华东师范大学出版社,2001.

[33] [美]沃尔特·范伯格,乔纳斯 F.索尔蒂斯.学校与社会[M].李奇,等译.北京:教育科学出版社,2006.

[34] [巴西]保罗·弗莱雷.被压迫者教育学[M].顾建新,等译.上海:华东师范大学出版社,2014.

[35] [美]戴维·格伦斯基.社会分层(第2版)[M].王俊,译.北京:华夏出版社,2005.

[36] [美]亨利·A.吉鲁.教师作为知识分子:迈向批判教育学[M].朱红文,译.北京:教育科学出版社,2008.

[37] [英]安东尼·吉登斯.现代性的后果[M].田禾,译.南京:译林出版社,2000.

[38] [美]柯林斯.文凭社会——教育与阶层化的历史社会学[M].刘慧珍,译.台北:桂冠图书有限公司,1998.

[39] [美]安妮特·拉鲁.不平等的童年[M].张旭,译.北京:北京大学出版社,2010.

[40] [美]安妮特·拉鲁.家庭优势:社会阶层与家长参与[M].吴重涵,熊苏春,张俊,译.南昌:江西教育出版社,2014.

[41] [德]卡尔·曼海姆.意识形态与乌托邦[M].黎鸣,李书崇,译.北京:商务印书馆,2000.

[42] [德]弗里德里希·尼采.论我们教育机构的未来[M].周国平,译.南京:译林出版社,2012.

[43] [美]罗伯特·帕特南.我们的孩子[M].田雷,宋昕,译.北京:中国

政法大学出版社,2017.

[44] [法]爱弥尔·涂尔干.教育思想的演进[M].李康,译.上海:上海人民出版社,2003.

[45] [英]保罗·威利斯.学做工:工人阶级子弟为何继承父业[M].秘舒,凌旻华,译.南京:译林出版社,2013.

[46] [德]马克斯·韦伯.学术与政治[M].冯克利,译.北京:外文出版社,1998.

[47] [英]M.扬.知识与控制[M].谢维和,等译.上海:华东师范大学出版社,2002.

[48] [英]迈克·扬.未来的课程[M].谢维和,王晓阳,译.上海:华东师范大学出版社,2003.

[49] [英]迈克·扬.把知识带回来——教育社会学从社会建构主义到社会实在论的转向[M].朱旭东,等译.北京:教育科学出版社,2019.

[50] Bernstein B. *Class, Codes and Control, Vol.1: Theoretical Studies Towards a Sociology of Language*[M]. London: Routledge & Kegan Paul, 1971.

[51] Bernstein B. *Class, Codes and Control, Vol.3: Towards a Theory of Educational Transmission*[M]. London: Routledge & Kegan Paul, 1975.

[52] Bernstein B. *Class, Codes and Control, Vol.4: The Structuring of Pedagogic Discourse*[M]. London: Routledge & Kegan Paul, 1990.

[53] Bernstein B. *Pedagogy Symbolic Control and Identity: Theory, Research, Critique*[M]. London: Taylor & Francis, 1996.

[54] Bourdieu P. The Forms of Capital [M]//Richardson J G. *Handbook of Theory and Research for the Sociology of Education*[J]. Westport: Greenwood Press, 1986:241-258.

[55] Young M, Lambert D. *Knowledge and the Future School—Curriculum and Social Justice*[M]. London: Bloomsbury, 2014.

二、学术论文

[1] 高水红."旁观者"知识学与"参与者"知识学.南京师范大学学报(社会科学版),2008(3):72-81.

[2] 高水红.学生符号世界的城乡区隔——时空的视角[J].南京师范大学教育社会学研究中心,2011(4):1-6.

[3] 高水红.乡村学校教育变迁与时空意识的变革[J].北京大学教育评论,2012(4):14-32.

[4] 高水红.个人属性、群体排斥与国家支配——教育公平分析的三种路径[J].教育研究与实验,2016(6):17-23.

[5] 郝大海.中国城市教育分层研究(1949—2003)[J].中国社会科学,2007(6):94-107.

[6] 贺晓星,仲鑫.异乡人的写作——对赛珍珠作品的一种社会学解释[J].南京大学学报(哲学·人文科学·社会科学版),2003(1):126-136.

[7] 贺晓星.《山彦学校》的故事——生活缀方运动的教育社会学意义[J].北京大学教育评论,2007(3):117-137.

[8] 贺晓星.论教育社会学中的新马克思主义——S.鲍尔斯和 H.吉丁斯的对应理论及其转向[J].南京师范大学学报(社会科学版),2014(6):90-97.

[9] 侯利明.地位下降回避还是学历下降回避:教育不平等生成机制再探讨(1978—2006)[J].社会学研究,2015(2):192-213.

[10] 姜添辉,周倩,董永贵.葛兰西学派在学校抗拒文化研究的贡献与反思[J].教育学报,2017(5):3-11.

[11] 姜添辉.文化再生产模式与文化流动模式的争辩:惯习在不公平教育结果的角色[J].当代教育与文化,2018(6):1-10.

[12] 姜添辉.学术性课程知识结构的社会关系与文化再生产之关联性:再脉络化的机制[J].全球教育展望,2019(7):32-45.

[13] 李春玲.社会政治变迁与教育机会不平等——家庭背景及制度因素对教育获得的影响(1940—2001)[J].中国社会科学,2003(3):86-98.

[14] 李春玲.高等教育扩张与教育机会不平等:高校扩招的平等化效应考查[J].社会学研究,2010(3):82-113.

[15] 李春玲.教育不平等的年代变化趋势(1940—2010)[J].社会学研究,2014(2):65-89.

[16] 李洁.对乡土时空观念的改造:集体化时期农业"现代化"改造的再思考[J].开放时代,2011(7):97-113.

[17] 李煜.代际流动的模式:理论理想型与中国现实[J].社会,2009(6):60-84.

[18] 李煜.制度变迁与教育不平等的产生机制——中国城市子女的教育获得(1966—2006)[J].中国社会科学,2006(4):97-109.

[19] 刘精明.能力与出身:高等教育入学机会分配的机制分析[J].中国社会科学,2014(8):109-128.

[20] 刘世定,邱泽奇."内卷化"概念辨析[J].社会学研究,2004(5):96-110.

[21] 刘云杉,王志明,杨晓芳.精英的选拔:身份、地域与资本的视角——跨入北京大学的农家子弟(1978—2005)[J].清华大学教育研究,2009(5):42-59.

[22] 吕鹏.生产底层与底层的再生产:从保罗·威利斯的《学做工》谈起[J].社会学研究,2006(2):230-242.

[23] 麦克·扬,张建珍,许甜.从"有权者的知识"到"强有力的知识"——麦克·扬与张建珍、许甜关于课程知识观转型的对话[J].华东师范大学学报(教育科学版),2017(2):99-105.

[24] 石艳,张新亮.知识社会性的反思与重构——社会实在论知识观的教育意义[J].教育研究,2019(3):68-79.

[25] 唐俊超.输在起跑线:再议中国社会的教育不平等(1978—2008)[J].社会学研究,2015(3):123-145.

[26] 王铭铭.教育空间的现代性与民间观念:闽台三村初等教育的历史轨迹[J].社会学研究,1999(6):103-116.

[27] 文雯,许甜,谢维和.把教育带回来——麦克·扬对社会建构主义的

超越与启示[J].教育研究,2016(3):155-159.

[28] 吴愈晓.中国城乡居民的教育机会不平等及其演变(1978—2008)[J].中国社会科学,2013(3):4-21.

[29] 熊春文."文字上移":20世纪90年代末以来中国乡村教育的新趋向[J].社会学研究,2009(5):110-140.

[30] 许甜.知识与课程的"三种未来"——英国教育学家麦克·扬的课程观述评[J].北京教育学院学报,2017(5):19-28.

[31] 张建珍,许甜,大卫·伯兰特.论麦克·扬的"强有力的知识"[J].清华大学教育研究,2015(6):53-60.

[32] 张建珍,郭婧.英国课程改革的"知识转向"[J].教育研究,2017(8):152-158.

[33] 张玉林.分级办学制度下的教育资源分配与城乡教育差距——关于教育机会均等问题的政治经济学探讨[J].中国农村观察,2003(1):10-22.

[34] 周飞舟.谁为农村教育买单?——税费改革和"以县为主"的教育体制改革[J].北京大学教育评论,2004(3):46-52.

[35] 朱新卓,王欧.教师的阶层文化与教育的文化再生产:西方学者论阶层文化对教育公平的影响[J].教育研究,2014(12):133-142.

[36] Bernstein B. Vertical and Horizontal Discourse: An Essay[J]. *British Journal of Sociology of Education*, 1999(2): 157-173.

[37] Downey D B, Condron D J. Fifty Years Since the Coleman Report: Rethinking the Relationship Between Schools and Inequality[J]. *Sociology of Education*, 2016(3): 207-220.

[38] Lucas S R. Effectively Maintained Inequality: Education Transitions, Track Mobility, and Social Background Effects[J]. *American Journal of Sociology*, 2001(106): 1642-1690.

[39] Raftery A E, Hout M. Maximally Maintained Inequality: Expansion, Reform, and Opportunity in Irish Education: 1921—1975[J]. *Sociology of Education*, 1993(1): 41-62.